해결, 돈이 보인다!!

음식점으로 꼭 성공하는 창업포인트

방 종 태
(테크노믹스연구소장)

50

도서
출판 화담

910

음식점으로 꼭 성공하는 창업포인트 **50**

지은이 / 방 종 태
펴낸이 / 방 규 환
펴낸곳 / 도서출판 화담

등록번호 / 제 57 호
등록일자 / 2002. 7. 18
주소 / 449-846
경기도 용인시 풍덕천동 현대성우APT 811-303

전화 / 031-261-4355
팩스 / 031-261-4345

초판 1 쇄 / 인쇄 2003년 12월 1일
초판 1 쇄 / 발행 2003년 12월 5일

여성이 남성보다 경제능력이 뛰어나면 큰일 납니까?

세상에는 여러 가지 장사(비즈니스)가 있습니다. 이 가운데에서 여성들이 할 수 있는 장사(아이템)는 무엇일까요? 성공할 수 있는 새로운 장사를 찾기만 한다면 돈을 벌 수 있습니다. 『작은 음식점』을 권유해보고 싶습니다. 물론 배우자와 함께 시작해도 좋습니다.

가장 일반적이면서도 고객층이 많은 음식점은 인기 있는 장사이기도 합니다. 인기가 있는 만큼 음식점 업계는 생존경쟁이 매우 치열합니다. 전통적인 음식과 새롭게 소개되는 음식점의 경쟁이 있는가 하면 패밀리 레스토랑 체인 등 음식점 체인점이 등장하기 시작하였습니다. 더 이상 새로운 업종을 찾을 수 없게 되었습니다. 이런 상황에서 음식장사를 추천하는 이유가 있습니다.

같은 업종이라도 업종·업태의 변화에 따라서 전혀 새롭고 매력있는 장사를 할 수 있기 때문입니다. 업태전략에 의하여 음식점의 성공속도가 달라진다는 것입니다(이 책 『제 2장 매력있는 음식장사의 성공속도』 참조)

지금은 음식점 도태의 시기라고 말하고 있습니다. 경쟁이 치열하면 할수록 탈락하는 음식점이 생기는 것은 당연합니다. 고객이 찾아오지 않음으로써 음식점이 퇴출당하게 되는 것 아닙니까? 매력이 없는 음식점에 고객이 나타날 리 없습니다. 도태된 음식점들은 모두 **고객의 욕구**에 부응하지 못하는 음식점들입니다. 그러나 고객의 욕구는 항상 변화하고 있습니다.

따라서 신선한 매력을 발산하지 못하는, 진부한 음식점은 항상 도태되고야 마는 것입니다. 그러므로 퇴출된 상권의 고객을 향하여 새롭게 출점(出店)하는 것은 당연하지 않겠습니까?

음식점을 처음 시작할 때는 누구나 불안한 심리상태에서 출발하게 될 것입니다. 불안한 마음은 금기 사항입니다. 경영전쟁에 나선 투사와 같이 용감하게 나서야 하고, 어딘가 잘 모르는 부분이 생기면 신속한 결단과 노력으로 극복해야 합니다. 어설픈 창업은 반드시 도산하게 마련입니다. 부단한 노력이 싫어서 게으름을 피우면 서서히 나빠지게 되며, 성공하지 못하면 결국 자연 소멸하게 됩니다. 이것이 경쟁의 법칙입니다. 사소한 실패가 세월을 거듭하면서 결국 전체를 기능장애로 만들기 때문입니다. 기원전 2세기 중국 전한대(前漢代)의 정치가 유안(劉安)은 '일의 성패는 반드시 작은 일에서 생긴다' 고 말하였습니다.

장사에는 여러 가지의 가능성이 숨어 있습니다. 경제적인 풍요로움과 사회적인 공헌도는 물론, 자신이 원하는 만큼 노력하면 얻을 수 있는 것이 많습니다. 그러나 시대에 맞는 장사를 선택하는 것이 중요합니다. 시대에 맞는 장사인지, 지금부터 쇠퇴하는 장사인지를 꿈속이나 생각만으로는 판별할 수는 없습니다. '장사는 얼마를 판매하여 얼마나 남는가' 가 중요한 것이 아니라 투자금액에 대한 수익성과 장래성에 대한 판별을 구체적으로 계산해 보아야 합니다.

또한 시대에 맞는다고 해도 개업에 필요한 자금이 많이 든다든지, 특수한 기술을 필요로 한다든지, 많은 노동력이 필요한 장사라면 매력은 '빵점' 입니다. 평범한 사람에게 매력있는 장사란 무엇일까? 필자는 다음의

14종류의 업종을 주저하지 않고 추천하고 싶습니다. 지금까지 전업주부, 혹은 평범한 샐러리맨이었지만 여성만이 가질 수 있는 본능, 개인의 끊임없는 연구로 훌륭하게 성공할 수 있는 아이디어입니다. 모두 작은 음식점으로 시작하는 것입니다. 물론 여러분이 성공하면 대형 음식점 또는 체인 본부를 만들 수 있는 음식점이기도 합니다.

요즘 서점에 가보면 '돈 버는 이야기'라고 쓴 책들이 많습니다. 정말 책에서 말하는 대로 돈을 벌 수만 있다면 얼마나 좋겠습니까? 하지만 독자 여러분, 특히 여성 여러분에게는 꼭 이 책을 권하고 싶습니다. 음식점에 대하여 쉽게 이해하고 실천할 수 있는 내용으로 구성하였으며 일본의 현장을 생생하게 소개하였습니다. 그러므로 이 책에서는 여성 여러분의 숨어있는 잠재력을 찾을 수 있으리라 생각합니다. 필자는 여성 여러분의 경제독립을 지원해 드리기 위해서 이 책을 썼다고 자신합니다.

홀아비는 이가 서말이요, 과부는 쌀이 서말이라고 하지 않았습니까. 옛날부터 여성의 경제력을 높이 평가하고 있었습니다. 능력 있는 아내가 능력 있는 남편을 만드는 것 아닙니까. 비록 작은 음식점일지라도 여성의 경제력을 뒷받침해 줄 것입니다.

그리고 작은 음식점으로 시작하려는 분들에게 부탁드리고자 합니다.

첫째, 먹고 살기 위하여 음식장사한다고 생각하지 마십시오. 비록 지금은 먹고 살기 위하여 작은 음식점을 시작하였더라도 그렇게 생각해서는 절대로 안 됩니다. 생계를 위하여 시작한 장사는 비즈니스가 될 수 없으며, 성공조차 어렵습니다. '꿈'이 없기 때문입니다. 또한 생활을 위하여 하는 일은 지루하기만 할 뿐 재미가 없습니다. 따라서 더욱 힘만 들 뿐입니다. 신명나는 춤은 밤새도록 출 수 있지만 먹고 살기 위하여서는 밤새 춤을 출 수가 없는 것과 마찬가지입니다. 비즈니스(장사)의 성공조건은 일을 즐겁게 하는 것입니다.

둘째, 개성있는 매장 만들기입니다. 대형 매장이나 다른 매장을 흉내낸다고 하여 고객이 찾아오는 것은 결코 아닙니다. 나만의 개성으로 고객에게 승부를 걸어야 합니다. 주부가요제에서조차도 유명한 가수의 음성을 흉내내서는 장원이 될 수 없습니다. 나만의 목소리로 소화한 노래가 대상을 받는 경우를 흔하게 보아 왔을 것입니다. 소형음식점은 **개성화를 지향할수록 고정비용이 적어지게 마련입니다.** 작은 비용으로 시작할 수 있다는 뜻입니다.

그럼 구체적으로 어떠한 음식점을 어떻게 해야 성공할 수 있을까요? 이제부터 이 책에서 그 해답을 찾으시기 바랍니다.

Business Business Business Business Business Business

I 여성 초보자가 성공하는
음식장사의 비밀은?

I 여성 초보자가 성공하는 음식장사의 비밀은?

창업과 관련한 책은 달콤하고 재미있는 소설과는 전혀 다릅니다. 지루할 수도 있습니다.

흥미 위주로 쓸 수 없기 때문입니다. 여러분의 사업을 단순한 흥미 위주로 생각하면서 웃기는 이야기처럼 지나칠 수는 없지 않습니까?

1 창업하는 여성의 고민상담실

여성이 창업을 하겠다고 마음을 먹고 개업할 때까지의 시간은 남성에 비하여 압도적으로 짧다고 합니다. 그렇지만 창업을 준비하는 과정에서 나름대로의 고민이 없을 수는 없습니다. 역시, 가정과 창업을 동시에 이끌어 나아가려면 대단히 어려운 문제가 많습니다. 이런 문제에 대하여 살펴보고자 합니다.

① 남편을 설득한다

어떠한 창업이든 상호 배우자의 이해가 필요합니다. 특히 우리의 사회관습에서는 아직도 남편의 이해는 절대적(?)이라고 해도 과언이 아닙니다. 취미 정도를 넘어서 남편 자신의 수입을 초과하게 되면 안 된다고 말하는 보수주의자가 많습니다.

이럴 때에는 비밀리에 준비한 사업계획서를 내놓고 남편을 설득하는 것이 창업의 첫 관문입니다. 남편을 설득할 수 없다면 고객을 설득할 수 없다는 결론입니다. 남편의 수입을 초과한다고 하여도 남편보다 우쭐할 수는 없습니다. '일'에 대한 가치관은 대단히 중요하며, 누구나 자신이 신명을 바쳐서 하는 일은 보람있는 일이기 때문입니다. 자본주의 사회에서 '돈'은 대단히 중요합니다만 돈을 잘 번다고 최상의 직업은 아니지 않습니까?

② 시부모를 모시는 문제

시부모를 모시는 경우에 여성의 창업은 더욱 힘겹습니다. 다른 선진국처럼 우리나라에서 복지제도를 찾을 수도 없기 때문입니다. 남편의 형제, 자매와 협력할 수 있다면 최상의 기회라고 생각합니다. 이런 경우는 그렇게 흔하지 않을 것 같습니다. 다음으로는 무리하지 말고 재택근무를 할 수 있는 소호(SOHO) 아이디어를 찾아보기 바랍니다. 시간이 흐름에 따라서 조금씩 이해를 하고 지원하는 사람들이 늘어날 것입니다.

③ 자녀의 보육문제

시부모 봉양문제보다는 다소 비중이 가벼울 수도 있습니다. 시부모 문제는 시시비비가 많이 발생하지만 자녀에 대한 문제는 부모의 절대권한으로 방어하기가 쉽습니다. 그렇지만 어린이에게는 예측할 수 없는 환경이 많이 닥치므로 세심한 배려가 필요합니다.

어린이집, 유치원, 놀이방 등의 보육 시설에 맡기는 경우가 많지만 오후와 토·일요일의 관리는 누군가의 도움을 받아야 합니다. 갓난아이인 경우에는 베이비 시터를 활용하는 것이 좋겠습니다.

④ 창업 후 가장 힘든 것은 무엇일까?

자기 자금의 부족 등, 자금능력의 부족이 절대적인 것 같습니다. 다음으로는 장소를 물색하는 일이 어렵다고 합니다. 그러나 필자가 상담해보면 자금보다 인맥이 짧은 점이 가장 힘들 것이라고 생각합니다. 우리나라뿐만 아니라 일본 노동성의 자료를 살펴보아도 창업자금을 걱정하는 경우가 많습니다만 자금만 가지고 음식점 등을 개업해서 성공할 수는 없습니다.

1997년도 일본 노동성 산하 여성기업가의 지원에 관한 연구회의 보고서를 보면, 개업 준비에 있어서 가장 고민스러운 내용은 다음과 같습니다(중복응답).

※ 일본 여성이 개업준비시 고민했던 내용

질 문 항 목	비율%
자기 자금의 부족	52.7
담보능력의 부족	31.9
섭외능력 부족	19.8
조건이 좋은 장소 확보의 곤란	25.3
우수한 인재의 부족	17.6
개업에 필요한 법률 및 경영지식의 부족	28.6
재무 경리 등의 관리능력 부족	27.5
영업, 거래처 확보의 곤란	26.4
경영분석, 이익 관리능력 부족	23.1
인허가 취득의 곤란	11.0
상품개발 등 사업에 관한 지식, 기술의 부족	14.3
상품 구입처 확보의 곤란	9.9
가족의 동의를 얻기가 곤란	3.3
사업과 육아, 시부모 봉양이 어려움	7.7
일손 부족	2.2
기타 사유	3.3
특별한 사유가 없다	2.2

⑤ 공동경영(동업)에 대하여

공동경영에는 트러블이 많습니다. 비즈니스에 대한 문화가 정착되지 않은 우리의 문화에서 공동경영은 연애와 같습니다. 밀월 기간이 끝나면 서로 헤어지며 잡음만 들릴 뿐입니다. 일부(?) 재벌그룹은 아들 형제끼리도 공동경영이 불가능하지 않습니까?

⑥ 인맥 쌓기

창업함에 있어서 인맥은 절대적입니다. 음식재료는 누구로부터 구입해야 하는가의 문제입니다. 다른 업종은 물론 같은 업종에 대한 다양한 세미나에 참가하여 정보를 교환하고, 교제하는 방법이 있습니다.

다음은 고객 인맥입니다. 잠시 스쳐가는 고객도 중요하지만 단골고객을 철저하게 관리해야 합니다. 단골고객을 확보하지 못하고 쓰러지는 점포를 자주 보게 됩니다. 단골인맥이야말로 재산입니다.

⑦ 음식 가격은 어떻게 결정하는가?

음식점을 처음 경영하는 경우 메뉴의 가격을 얼마로 결정해야 좋을지 망설이게 됩니다. 우선은 반경 1km 주변의 동종업종을 조사해야 할 필요가 있습니다. 다음으로 여러분의 음식점에서 제공하는 서비스가 플러스 알파가 되는지 고려하여 검토하십시오.

근처에 음식점이 전혀 없거나 경쟁이 치열한 경우에는 신중하게 결정해야 합니다. 가격을 인하하기는 쉬워도 가격을 인상하기란 거의 불가능하기 때문입니다. 최종적으로는 고객이 납득할 수 있는 범위여야 하므로 개점 초기에는 고객의 반응을 주의깊게 살펴보아야 합니다.

⑧ 예상고객수의 예측은?

예상고객수를 어떻게 예측해야 할지 망설이는 경우가 많습니다. 간단하게 설명 드립니다. 세대수와 통행량, 점포의 이면도로를 조사한 후, 배후 상권을 조사해야 합니다.

다음으로는 점포 앞을 지나가는 통행인구를 조사합니다. 평일,

주말, 휴일, 아침, 점심, 저녁, 그리고 밤중까지 조사합니다. 시간이 허락되는 범위에서 조사일수가 많을수록 좋겠습니다. 중요한 것은 인구가 증가하는가 하는 것입니다. 동종업종의 경우 통행인구 중 몇 %의 인구가 출입을 하는지 추론해야 합니다. 이 비율로 여러분 점포 앞을 지나는 통행객에 대입해 보면 대략적인 고객수를 예측할 수 있습니다. 보다 정확하게 계측하고 싶은 분은 컨설턴트를 찾아보기 바랍니다.

⑨ 나홀로 개업을 할 것인가, 프랜차이즈체인에 가입할 것인가?
"프랜차이즈체인에 가입하면 좋은 점이 있습니다. 광고와 마케팅, 그리고 모든 메뉴의 개발과 식자재의 공급으로 사장님은 편안히 앉아서 돈을 버실 수 있습니다."

이와 같이 모든 것을 프랜차이즈 체인본부에서 대행해 주므로 체인 가맹점주는 가만히 앉아만 있어도 고수익이 된다고 선전하는 체인본부가 너무도 많습니다. 이런 체인본부는 요주의!

물론 프랜차이즈 체인본부는 가맹점에 대해서 비즈니스가 성공할 수 있도록 모든 노하우를 제공하는 시스템입니다. 상품이나 서비스의 공급은 물론 조리 및 판매 매뉴얼의 제공과 수퍼바이저(점포관리자)의 파견 등을 통하여 개업 후에도 체인본부가 가맹점을 서포트합니다. 가맹점주가 초보자라도 성공시킬 수 있다는 것을 전제로 하고 있습니다.

대리점 계약은 기본적으로 취급하는 상품이나 서비스의 판매권을 취득하는 것뿐입니다. 따라서 판매방법 등은 원칙적으로 대리점이 연구해야 합니다. 대리점은 본부에 대하여 가맹금 또는 권리금이나 상품대금을 지불하는 정도가 대부분입니다. 통상 프랜차이즈체인에서 요구하는 로열티는 전혀 없습니다. 로열티는 어디까지나 경영지도와 판매지도 등 개업 후 노하우를 제공하는 대가에 대하여 지불하는 것입니다.

독립개업이 어렵다면 프랜차이즈의 경험과 정보를 활용할 수밖에 없습니다. 이 경우 올바른 프랜차이즈의 선택이 중요합니다. 체인점 가입을 고려함에 있어서 체인본부에 대한 정보를 다양하게 점검해볼 필요가 있습니다.

가맹점과 본부가 함께 번창하고자 하는 의지가 있는지 아니면 가맹점주들의 자금을 이용하려는 의도가 있는지 정확하게 살펴보아야 합니다.

그러나 초보 여성이 체인본부의 정직성, 성실성, 장래성, 신뢰성 등을 파악하기란 불가능합니다. 다음과 같은 체크리스트를 참고로 프랜차이즈 체인본부와의 계약할 때 주의하기 바랍니다.

※ 프랜차이즈체인 계약시 체크리스트

1. 가맹점, 보증금 등 금전에 관한 사항은 명확하게 기록되었습니까?	
	금액 또는 산정방법
	가맹금, 보증금, 비품, 기타 금액의 성질
	징수의 시기
	징수 방법
	반환되는 금액과 그 조건

2. 가맹점주에게 상품공급조건에 대한 사항이 명확하게 기록되었습니까?	
	가맹점주에게 공급하는 상품의 종류
	공급상품에 대한 결제 방법

3. 경영지도에 관한 사항이 명확하게 기록되었습니까?	
	연수 또는 강습회의 개최 유무
	연수 또는 강습회가 시행될 때 그 내용
	가맹점에 대한 지속적인 경영지도 방법 및 그 실시 횟수

4. 상표사용, 상호 등의 표시에 관한 사항이 명확하게 기록되었습니까?	
	상표사용 및 상호 등의 표기
	상기 내용의 조건과 그 내용

5. 계약기간과 계약갱신 및 해제에 관한 사항이 명확하게 기록되었습니까?	
	계약기간
	계약 갱신의 조건 등
	계약의 해제, 해지 및 발생되는 손해배상의 지불

6. 정기적으로 지불하는 금전에 대하여 명확하게 기록되었습니까?	
	징수하는 금액 및 그 산정방법
	로열티와 기타 금액에 대한 성격
	징수의 시기
	징수 방법

우리나라에는 현재 2천여 체인본부가 있다고 합니다. 주로 음식관계 사업이 많은 것이 특징입니다. 체인본부는 회원들에게 경쟁력 있는 상품을 공급하면서 유통비용으로 3~5%의 수수료를 받고 경영하는 곳입니다.

이 유통비용을 포함한다고 하여도 가격경쟁력 등 상품력이 우수해야 합니다. 회원가입시 과도한 회원가입비를 요구한다거나 탈퇴시 반환이 전혀 안 된다고 한다면 다소 주의를 해야 합니다. 인테리어를 과도하게 요구하고 있는 경우도 마찬가지입니다. 아무튼 가입한다면 체인본부의 투명성을 살펴보고 가입하도록 해야 합니다.

⑩ 음식점과 체력의 관계는?

무엇이든 일을 할 때에는 건강해야 합니다. 자기 비즈니스를 할 경우에는 더욱 건강해야 합니다. 특히 음식점을 경영할 때에는 더욱 튼튼한 건강이 요구됩니다. 음식점 경영은 체력싸움이라고 해도 과언이 아닙니다. 그러나 자신의 바이오리듬을 관리하면서 체력관리에 주의를 기울인다면 충분히 할 수 있다고 생각합니다.

⑪ 허가의 취득 안내

각종 음식점은 내용에 따라서는 다소 차이가 있지만 인허가가 필요한 업종·업태입니다. 공중위생, 공중보건, 공안, 미풍양속 등의 이유로 일정한 조건을 취득하지 않으면 행정상 영업인가를 받을 수 없습니다. 음식점을 구상할 경우에는 관련된 인허가 사항을 살펴보아야 합니다.

외국의 아이디어라고 하여 우리나라에서 쉽게 인허가를 취득할 수 있다고 생각하여서는 절대로 안 됩니다. 선진국들은 '이런 업종과 업태는 안 된다'라는 법정주의이나 우리의 경우에는 '이런

업종은 된다' 라고 하는 범주에 정확하게 들어가지 않는다면 일단
주의를 해야 합니다.

※ 업종에 따른 인허가의 준비

① 개업에 임박해서 계획의 차질이 없도록 인허가를 얻어야
할 부분이 있다.
② 관련 업종에 따라서 위생과나 보건소, 경찰서 등으로부터
인허가를 얻어야 한다.
③ 업종에 따른 구체적인 사항은 시군구청의 민원안내실로
문의하면 정확한 정보를 얻을 수 있다.

2 어드바이저를 잘 선택하자

여러분이 음식장사로 성공하기 위해서는, 개업을 하기 전에 많
은 사람으로부터 의견을 듣고 참고하지 않으면 안 됩니다. 개개
인의 정보량이나 지식은 한정되어 있기 때문에 모두 똑같은 이야
기는 들을 수 없지만 그 판단 결과는 바로 여러분 자신이 책임져
야 합니다.

카페를 경영하기 위하여 친구나 주변의 카페 경영자에게 "어떻
게 경영해야 좋겠습니까?"하고 질문해 보십시오. 대부분의 사람
들은 본심을 보여주기를 꺼려할 것입니다. 또 한 사람의 경쟁자
가 나타나는 것을 싫어하기 때문입니다. 멀리 떨어져 있는 사람
을 만나도 결과는 비슷할 것입니다. 경영이 잘되는 사람일수록
부정적인 이야기를 할 것입니다. 반대로 경영이 어려운 사람은

자신의 장소에서 시작할 것을 권유할지도 모릅니다.

지금은 경쟁이 심한 시대이므로 후발자의 참여를 원치 않고 있습니다. 후발자 또한 선발자와 똑같은 흉내내기를 해서는 비전이 없습니다. 치열한 경쟁을 가상하여 종합적으로 경쟁적 우위의 음식점을 만들어야만 성공할 수 있습니다. 경쟁자보다 무엇인가 나은 것이 있어야 한다는 말입니다.

어드바이저를 잘못 만나면 절대 성공하기 어렵습니다. 반대로 좋은 어드바이저를 만나면 그만큼 성공확률은 높아질 것입니다.

※ 어드바이저의 업무범위

개업전										
개업후										
상담범위 / 상담자	사업계획·마케팅	설립등기신청	영업허가신청	특허·권리관계	상품·기술관계	법률상담	경영관리	재무관리	세무관리	인사노무관리
경영컨설턴트	●				●		●	●		●
중소기업진단사	●				●		●	●		●
사법서사		●	●			●				
변호사		●		●		●				●
변리사				●	●					
노무사						●				●
세무사							●	●	●	
공인회계사							●	●	●	

3 자신의 집에서 미리 훈련하기

필자는 음식점을 시작하겠다고 찾아온 분들에게 똑같이 '희망하는 업종의 경험'이 있는지를 묻습니다. 그들은 자택에서 음식을 만든 경험을 중요하게 생각합니다. 그리고 요리에 취미가 있습니다. 많은 여성들은 식음료 부분이라면 자신을 가지고 있는 것 같습니다. 물론 인정합니다. 자택에서도 새롭게 연습을 해야만 합니다. 자택을 음식점의 주방으로 생각하고 연구하는 자세가 중요합니다.

또한 실제의 경험을 쌓기 위해서 단 한 달이라도 좋으니 동종 또는 유사업종에서 실습해 볼 것을 권합니다. 주방이 얼마나 '찜통'인지, 홀 서빙이 얼마나 힘든지 등을 체험해 보아야 합니다. 물론 실습한 경험이 전부가 될 수는 없습니다. 짧은 시간의 실습으로 그 음식점 경영의 모든 것을 알 수는 없습니다. 그렇지만 과거의 경험으로 창업 후 적응이 빠르거나 단시간 내에 습득이 가능할 것입니다.

일본의 다케하나 이찌코(45세) 씨는 1993년에 동경요리점『다케하나』(☎ 03-3410-1739)를 개업하기 전까지만 해도 광고회사 등에 근무하였습니다. 그러나 매주 일요일 친구를 초대하여 특선요리를 만드는 연습을 하였다고 합니다. 시장보기, 물건 고르기 등을 실습하면서 메모를 해두었습니다.

4   풍수지리로 점포를 판단할 수 있을까?

태양은 동쪽에서 떠올라서 서쪽으로 집니다. 남향은 따뜻하고 북향은 차갑습니다. 바람과 물이 흐르면서 일상생활의 환경을 지배하고 있습니다. 음식맛은 별로이지만 '운'이 좋은 음식점, 반대로 음식 맛은 훌륭한데도 불구하고 고객들이 찾아오지 않는 음식점이 있습니다. 풍수지리를 믿지 않으십니까?

다음은 풍수지리로 참고할 수 있는 사항이 있다고 생각되는 포인트를 소개합니다.

1) 고층빌딩의 3층 이상은 피해야 합니다. 차라리 지하층이 낫습니다.

2) 대로변에 위치한 장소는 좋지 않습니다. 사람이 건너는 일이 두렵기 때문에 심리적으로 불안정하므로 마음껏 구매할 수 없습니다.

3) T자형 도로에서 십자로가 되어야 하는 방향에서는 운세가 약해지므로 피하는 것이 좋습니다.

4) 폭 20m 이상의 도로의 교차로 코너 건물은 피해야 합니다. 도로의 파워가 넘쳐서 영향을 미치는 장소이므로 피하는 것이 좋습니다.

5) 입체 교차로나 육교가 걸쳐 있는 범위의 장소는 피해야 합니다. 그러나 지하도 입구가 있는 곳은 유리합니다.

6) 커브길의 외곽선 측은 피하는 것이 좋습니다. 3)과 4)와 같은 이유이기 때문입니다.

7) 언덕길의 중간지점은 나쁩니다. 차라리 언덕 위나 아래가 낫습니다. 그러나 언덕의 정상부근은 좋지 않습니다. 다만 정상부근이 분지형태로 되었다면 좋습니다.

8) 전철역의 동쪽 부분보다는 서쪽 부분이 유리합니다. 삼각형 건물은 모서리 에너지(좋지 않음)가 강하므로 피해야 하며, 원형 건물은 장사가 왕성하게 번창하는 기운이 약합니다.

9) 외벽이 찬란하게 빛나거나 독특한 디자인을 한 건물은 고객의 파워를 흡수하지 못하므로 번창할 수 없습니다.

10) 같은 건물에서 나란히 있는 점포의 가운데 매장은 좋지 않습니다. 이러한 매장은 출입구를 독특하게 장식할 필요가 있습니

다.

11) 출입구 정면에 계산대가 있어서는 절대 안 됩니다. 계산대는 가능한 한 동남향이 좋습니다. 동남향이 무리라면 계산대 부근에 화분을 놓는 것이 좋습니다.

12) 출입구 정면으로 화장실 입구가 마주치는 것은 피해야 합니다.

13) 출입구 앞에 계단이나 경사면이 닿아 있는 구조는 좋지 않습니다.

14) 어두운 출입구는 고객의 출입을 막고 있으므로 식물을 놓고 조명시설을 설치하여 분위기를 바꾸어야 합니다.

15) 출입구는 2개보다는 1개가 좋습니다. 만일 2개라면 어느 한 곳을 폐쇄해야 합니다.

16) 엘리베이터 정면으로 정문이 닿아 있는 구조는 피해야 합니다.

17) 출입구 도어의 정면에 대형 거울을 놓는 것을 피해야 합니다.

18) 입구에서 주방이 보이지 않아야 합니다. 부득이하게 그럴 경우에는 화분 등으로 막는 것이 좋습니다.

19) 음식점에서 동물과 관련된 장식은 피하는 것이 좋습니다.

5 권리금은 어떻게 산정하는가?

우리는 지난 30여 년 동안 공업혁명을 일으키면서 새로운 습관이 생겨났습니다. 권리금입니다. IMF사태 전만해도 권리금이 없는 점포를 생각조차 할 수 없었습니다. 점포로 고객을 유인하는 힘을 권리금으로 계산해 놓은 것입니다. 불경기가 되면서 고객의 발길이 뚝 끊어졌으므로 권리금을 요구할 수는 없을 것입니다.

산부인과를 하다가 산부인과를 하려는 사람에게 양도를 할 경우에는 산부인과라는 지명도를 양도할 수 있지만 산부인과 후보자가 없어서 장의사를 경영하려는 사람에게 양도하면서도 권리금을 요구할 수 있을까요?

권리금은 최소한 동종업종으로 양도할 경우에 요구할 수 있는 권리입니다. 그러나 우리나라의 모든 점포에는 권리금이 붙어있는 기이한 현상이 발생했습니다.

권리금은 인테리어 비용과는 별개의 문제입니다. 인테리어와 집기, 설비 등의 투자가 있으므로 이에 대한 보상을 권리금에 포함시켜 요구하고 있습니다. 인테리어는 이전할 때 원상회복의 의무가 있습니다. 동종업종의 사람이 필요에 의하여 양수하고자 할 경우에는 인테리어에 대한 양도권을 주장할 수 있으나 동종업종이라도 양수를 거부할 경우에는 오히려 원상회복의 의무가 있음을 주의해야 합니다.

현실적으로 신축 건물이 아닌 기존 건물의 매장을 취득할 경우에는 권리금을 요구하고 있습니다. 권리금이란 명문화되어 있지는 않으나 통상 상관습으로 적용되고 있습니다. 그렇다면 얼마나 지불하여야 할까요? 일반적으로 연간 판매 금액의 평균 3개월분 정도를 적당한 기준으로 보고 있습니다. 물론 당사자간의 합의가 우선 적용됩니다.

필자는 권리금이 있는 장소가 반드시 위치 조건이 좋다고 말하고 싶지 않습니다. 가능하면 초기에는 권리금이 없는 장소를 권유하고 싶습니다. 이면도로라도 좋습니다.

6 점격(店格), 점포의 격을 높이자

사람에게 인격(人格)이 있듯이 활기차고 명랑한 점격을 만들어야 합니다.

긍정적 발상의 점격은 고객들에게도 연속하여 긍정적인 사고를 만들게 합니다. 꿈이 있는 점포, 특히 고객과 동일한 꿈을 가지고 있는 점포는 강해집니다. 고객은 기계가 아닙니다. 활기가 넘치는 점포, 밝고 명랑한 점포는 좋은 인격을 만드는 일부터 시작합니다.

특히 점포 주인이 혼자 근무하는 경우에도 마찬가지입니다. 점격과 점포 이미지는 최종적으로 사람에 의하여 결정되므로 좋은 점격을 만들 수 있도록 노력하여야 합니다. 좋은 환경에는 좋은 사람이 모여들게 마련입니다. 마찬가지로 좋은 점포에는 좋은 고객들이 출입하게 됩니다. 그 결과 좋은 점포는 꿈과 비전을 품게 될 것입니다.

7 경쟁자의 분류방법

경쟁자라고 하면 항상 동업종의 경쟁자를 생각하게 됩니다. 칼국수점의 경쟁자는 주변의 칼국수점이라고 생각하게 됩니다. 어느 날, 옆에 자장면을 판매하는 중화음식점을 개점하면 칼국수점의 판매에 지장이 생기지 않겠습니까? 칼국수를 먹으러 왔다가 옛날 생각이 나서 자장면을 먹을 수도 있습니다. 그런데 그 옆에 또 다른 로스구이점이 개업을 했다고 가정해 보겠습니다. 칼국수나 먹어 볼까 하고 왔다가 "어, 여기에 로스구이점이 맛있겠군" 하면서 로스구이점으로 들어갔습니다. 이런 경쟁자를 통칭하여

'유사관련 경쟁자' 라고 합니다.

물론 자장면과 로스구이가 칼국수에 미치는 영향은 조금 다를 것입니다. 가격대나 이용욕구를 감안한다면 자장면이 크리라 예상됩니다.

예를 들어 자장면으로 대체해서 먹을 수 있는 확률이 70%, 로스구이로 대체해서 먹을 수 있는 확률이 15%라고 한다면 우리는 이런 대체율을 '상관관계율' 이라고 말합니다. 경쟁률이 되는 것입니다.

'명동칼국수점' 옆에 '한국칼국수점' 을 개점하면 대체율은 100%가 될 것입니다. 그런데 명동칼국수점에서 호박을 첨가한 건강 칼국수를 개발하면 그 대체율이 90%로 떨어질 수도 있습니다. 이처럼 상품의 개성화, 차별화는 매우 중요한 것입니다.

8 　공감형 판촉 아이디어를 만들어라

공감형 판촉에는 고객과의 상호 커뮤니케이션이 이루어지는 판촉 아이디어라는 강점이 있습니다. 보고 듣는 이벤트에서 참가하는 이벤트로 고객의 흥미를 유발시키는 것입니다. 바자회, 게임, 또는 특정 회원을 위한 서비스 등이 있습니다.

판매자의 기획에 고객이 자발적으로 참가할 수 있는 공감을 일으키는 이벤트로서 자극성, 흥분성, 호기심 등이 높아야 주목받게 됩니다.

① 1년분 전기요금 무료?

'불경기 탈출을 위한 가계생활비형 이벤트' 등의 명칭으로 상점가 단위로 고객 추첨권을 통하여 1년분의 전기요금, 외식비, 자

녀 학원비, 가스비, 수도료, 간식비, 치약구입비, 비누세제 구입
비등을 정액으로 지불하는 것입니다.

상점가 단위의 이벤트로서 지역밀착형 상점가에서는 필히 시도
해 볼만한 아이디어입니다. 이 판촉은 지역 전체에 큰 화제를 일
으키기에 충분합니다.

② 고객이 직접 참가하는 실기 코너

신제품 또는 독자적인 오리지널 상품 등을 고객에게 강하게 어
필하고자 할 때에 활용합니다. 식품점의 시식코너, 일용잡화 사
용 실연코너, 화장품 메이크업 서비스, 비디오 카메라 테스트 등
이 있습니다. 시각, 청각, 후각, 촉각, 미각 등의 오감에 호소하여
고객의 참가의욕을 북돋워야 합니다.

베테랑 판매사원이 상품의 매력, 사용방법, 생활에 유용한 용도
등을 설명하는 실연회도 있습니다. 또한 소규모 점포에서는 점포
주의 가족이 참여하여 열심히 설명한다면 고객들로부터 신뢰감
을 얻게 될 것이다.

③ 체험 이벤트

고객이 직접 참가하는 이벤트를 만드는 것입니다. '얼음조각대
회', '자신의 닮은 얼굴 그리기', '각종의 예능 대회' 등. 점포와
고객의 입장이 다르지만 체험 이벤트를 통하여 일체감을 형성하
여 상호 신뢰감을 쌓게 됩니다.

옛날을 회상하는 모의점 개설, 체인스모커 대회, 스트로로 맥주
마시기 대회, 우동 빨리먹기 대회 등을 미니 이벤트로 시작할 수
있습니다.

④ 의외성과 화제성이 강한 아이디어

점포의 전면에 다트 게임이나 고리던지기 게임 등을 설치하고 구매고객에게 일정한 금액에 대한 던지기 등으로 ' 구매금액×해당하는 ?%'를 현금으로 지불하는 것입니다.

당일 판매가 부진하여 식재료가 많이 남을 가능성이 있는 메뉴나 판매에 주력할 메뉴를 중심으로 실시할 수 있습니다.

9 식기(食器) 선택도 중요하다

맛있는 카레 메뉴를 뚝배기에 담아서 내놓는다거나, 맛있는 된장찌개를 양식기에 담아서 내놓았다고 가정해 보십시오. 맛있게 먹을 수가 없을 것입니다.

점포의 레이아웃이 브라운 컬러의 커피숍에서 청색 커피잔을 사용한다고 하면 어딘가 어색한 느낌을 주게 될 것입니다. 이처럼 그릇이 가지는 이미지가 매우 중요합니다. 음식메뉴에 맞는 알맞은 식기를 개발하는 것도 메뉴 개발 못지 않게 중요합니다.

계절에 따라서 식기에 변화를 주면 고객들은 잊은 계절을 찾으면서 맛있는 식사를 즐길 수 있습니다.

일본에서는 2잔의 술을 마시면 술잔을 바꾸어 주는 음식점도 많이 있습니다. 술잔을 바꾸어 줄 때에도 고객이 원하는 것을 골라 주기도 합니다.

식기는 일반 상품의 포장과도 같습니다. 신문지로 둘둘 말아서 제공하는 메뉴와 예쁜 포장지로 정성스럽게 포장한 메뉴가 있습니다. 같은 값이라면 어느 메뉴가 마음에 들까요.

10 조리매뉴얼은 필요한가?

음식점에서 주방장이 차지하는 비중은 상당히 큽니다. 조리기술이 까다로운 경우에는 주방장 텃세라는 말까지 있습니다. 심지어는 주방장이 바뀔 때마다 맛이 달라진다는 이야기도 있습니다. 이런 음식점은 성공할 가능성이 희박합니다.

메뉴의 공정과정을 매뉴얼화하여 누구든지 이런 매뉴얼대로 조리하면 같은 맛이 나와야 합니다. 조리과정에 특별한 노하우가 있다고 자랑하지 말고 이런 경우에는 특허출원하여 특정기간 보호받으면 충분하지 않을까 생각합니다.

'불로장생의 비방'이 있다는 옛날 절대권력자인 왕들도 천명을 지키지 못하고 일찍 죽고 말았습니다. 비방이 없는 현대의학에서는 일정한 교과서대로 수술과 처치를 하여 인간의 수명을 한껏 연장시켜 나가고 있습니다.

주방장이 바뀌어도, 세월이 바뀌어도 변함없는 맛을 유지하기 위하여, 보다 나은 맛을 개발하기 위하여 조리방법을 계량화, 체계화하지 않으면 절대 불가능합니다. 일본의 체인점에서는 동일한 조리 매뉴얼을 사용하므로 전국 어디에서나 동일한 맛을 즐길 수 있습니다.

11 화장실은 어떻게 만들어야 하는가?

음식점의 화장실을 출입하신 경험이 있습니까? 그때 기분이 어떠했습니까?

외국 체인점의 매뉴얼에는 화장실의 청소방법과 청소당번이 명기되어 있는 경우를 보게 됩니다. 화장실은 대체로 부점장이나 선임직원이 담당하고 있는 것도 그만큼 비중이 크기 때문입니다. 우리나라의 음식점 화장실은 출입하고 싶지 않은 경우가 대부분입니다.

여러분은 고객으로부터 청결하고 상쾌하다는 이야기를 들을 수 있습니까? 화장실은 음식점의 어느 곳보다 깨끗하지 않아도 좋습니다. 적어도 더럽지 않은 곳이 되어야 합니다. 위생적이며 기분까지도 상큼한 환경을 만들 때 음식점의 가치는 더욱 향상될 것입니다.

가능하면 생화의 상큼한 꽃향기를 이용하여 화장실을 센스 있게 만들어 봅시다.

독자 여러분, 바로 귀하가 음식점을 창업하신다면 장미꽃바구니를 보내드리겠습니다. 화장실에 놓아주세요. 물론 필자에게 점포 사진과 함께 전화 연락하시는 분에게 보내드리겠습니다(＊2001년 12월 31일까지).

12 체인본부에 가입하기 전에 무엇을 체크해야 할까?

우리나라에도 정확하게 알 수 없을 정도로 체인본부가 많습니다. 필자에게 걸려 오는 전화 중에서도 적지 않은 피해사례가 발견되고 있습니다. 결국에는 가입자 자신이 피해를 감수할 수밖에 없는 냉정한 현실을 깨달아야 합니다.

일부 체인본부는 사업의 전문성도 결여된 채 가맹점만 모집하는 곳이 있는 것 같습니다.

체인본부의 설명을 잘 듣고 조금이라도 의문을 가진다거나 불안감을 갖지 않도록 질문하여 서로 이해할 수 없다면 이 체인점 비즈니스는 성공할 수 없습니다. 여러분이 질문하여 확인해야 할 최소한의 내용은 다음과 같습니다.

1) 어떠한 경영이념으로 프랜차이즈 체인을 경영하고 있습니

까?

프랜차이즈 체인본부가 집약된 경영이념을 가지고 있지 않다면 곤란합니다. 체인본부와 가맹점이 독립된 경영자로서 공통의 가치관을 가지고 있지 않다면 체인본부와 가맹점은 성공할 수 없습니다.

2) 과거와 현재의 판매실적이라든가, 가맹점 수를 알려 주십시오.

판매실적과 가맹점 수는 일반적으로 공개하는 데이터입니다. 체인본부의 경영체질이 건전하다면 가맹점의 가입은 꾸준히 증가하게 됩니다. 가맹점의 수효가 감소하는 경우에는 일단 의심할 필요가 있습니다.

3) 가맹점이 어떻게 경쟁력을 가질 수 있습니까?

복수의 경쟁자가 있는 업종·업태인 경우, 메뉴, 서비스, 기타 노하우 등이 우수한 체인본부를 선택해야 합니다.

4) 체인본부의 가맹 후 지원체제를 확인해야 합니다.

경험이 부족한 사람이 체인본부에 가입하고자 하는 경우가 대부분입니다. 따라서 안심하고 음식점 경영을 할 수 있도록 지원해주는 체인본부가 필요합니다. 체인본부의 수퍼바이저가 가맹점을 순회하면서 단순한 감독이 아니라 경영지도를 통하여 지원해주어야 합니다. 이런 내용이 구체적으로 명시되어야 하며, 위반시에는 벌칙 조항이 있어야 합니다. 또한 수퍼바이저의 질적수준도 중요한 포인트입니다.

5) 가맹점과 체인본부 사이에 발생하는 금전의 종류와 지불방

법에 대하여 구체적으로 확인해야 합니다.

　로열티(경우에 따라서는 없을 수도 있음), 식재료대금, 광고선전비 등을 지불해야 합니다. 창업시에는 판매금액을 예상할 수가 없지만 판매실적이 부진할 경우를 대비하여야 합니다. 또한 매월 정기적으로 발생하는 금액과 결제일에 대하여 파악해야 합니다.

　6) 가맹점주의 자유재량범위가 있는지 확인해야 합니다.

　원칙적으로 가맹점은 동일한 이미지 하에 동일한 상품과 서비스를 제공하고 있지만 실제로는 각 가맹점주의 가치관, 성격 등에 맞는 최소한의 재량권이 필요합니다.

　7) 중도에 해약을 할 경우에는 어떻게 되나요?

　체인점 계약서에는 반드시 해약사유와 방법이 포함되어야 합니다. 가맹점 계약을 해약할 경우도 있으며, 해약당할 수도 있습니다. 이런 경우 금전관계를 명확하게 해야 합니다.

　8) 가맹 계약을 체결하기 전에 선배 가맹점의 오너와 대화할 수 있어야 합니다.

　선배 가맹점 오너와 자유롭게 대화해 보아야 합니다. 만일 가맹점의 소개와 방문을 허용하지 않는 체인본부라면 절대 신뢰할 수 없습니다.

　9) 영업구역에 대한 독점권이 있어야 하며, 그 범위의 한정에 대한 기준을 확인해야 합니다.

　기존의 가맹점에 영향을 미치지 않는 범위에서 신규 가맹점 계약을 체결해야 합니다. 따라서 상권의 범위에 대하여 명확한 내용을 기입할 필요가 있습니다.

10) 개업에 필요한 자금의 명세를 확인할 필요가 있습니다.

 개략적인 금액보다는 구체적인 금액을 알아야 합니다. 명세서의 내용을 납득하지 못할 경우에는 이해가 갈 때까지 질문을 해야 하며, 체인본부는 이 점을 이해시켜 주어야 합니다.

11) 음식점 개점 후 경영이 정상적인 궤도에 오를 때까지 어느 정도 기간이 필요합니다.

 따라서 개점 자금 이외의 운전자금이 필요합니다. 운전자금은 어느 정도 확보해야 하며 선배 가맹점들의 경우 필요한 기간은 얼마나 되었는지 알아보아야 합니다.

12) 초보자로서 점포를 찾는 일은 매우 어려운 일입니다.

 체인본부의 추천을 받아 함께 상권분석을 하며 점포를 찾을 수 있는지 체인본부의 위치조건에 대한 최소 기준은 있는지를 확인해야 합니다.

13) 개점 후 매출과 경비는 어느 정도 예측이 가능합니까?

 체인본부에서 100% 책임을 질 수는 없지만 최소 80% 이상 적중해야 합니다. 물론 체인본부와 가맹점도 힘을 합쳐 열심히 노력하지 않으면 안 된다는 전제조건이 붙어 있습니다.

14) 가맹예정자의 연수와 가맹 계약 체결 후의 연수 제도에 대하여 알아야 합니다.

 기간이나 비용 등도 중요한 포인트입니다. 복잡하고 어려운 기술이나 기능을 요구해서는 안 됩니다. 연수는 통상적으로 2~3주간이며, 길어야 1개월 정도입니다.

15) 점포의 설계와 인테리어 등은 일반적으로 체인본부가 소개하는 업체와 계약 시공하게 됩니다.

초보자로서는 설계나 시공에 대한 포인트는 알 수 없으므로 체인본부에 의존할 수밖에 없습니다. 그러나 상세한 금액을 확인시켜 주지 않고 포괄적인 금액을 나열하는 지정업자는 곤란합니다. 사전에 견적서를 받고 확인하지 않으면 안 됩니다.

II 매력있는 음식장사의 성공속도

Ⅱ 매력 있는 음식장사의 성공속도

음식점은 일반 사람들이 쉽게 생각할 수 있고, 또한 쉽게 도전해 볼 수 있는 장사입니다. 물론 돈벌이가 쉬운 장사에 속합니다. 그러나 우리의 주변을 보면 음식점하다가 망한 사람들이 너무도 많지 않습니까?

정확하게 말한다면 누구나 음식점을 시작할 수 있지만 누구나 돈을 벌 수 있는 시대는 끝났다는 것입니다. 이것이 가장 큰 차이점입니다. 불황에 관계 없이 큰돈을 버는 음식점이 많다는 사실에 주목해야 합니다.

음식점에는 다른 업종에서 볼 수 없는 장점이 많습니다. 이런 업종별 장점을 살린다면 실패하지 않을 것입니다.

1 　업종 · 업태의 결정

우리나라에서 업종과 업태는 세법상 중요한 의미를 가지고 있습니다. 업종(業種, the kinds of business)은 상업의 종류라고 하여 음식점, 잡화점 등으로 분류하고 있습니다. 업태(業態, the type of business)라고 하며 제조업, 도매업, 소매업 등으로 분류하고 있습니다.

그러나 업종과 업태를 구별하기란 쉽지 않습니다. 냉면을 판매하는 음식점이 있다고 가정합니다. 이 경우 우리나라에서는 업태와 종목으로 분류하여 반드시 소매업태와 음식점 업종으로 분류할 것입니다.

예를 들면 1960년대에 수타 칼국수로 시작하여 1980년대에 기계 칼국수로 바뀌었습니다. 그 후 기계로 만든 칼국수를 판매하던 음식점을 물려받은 장남이 직접 손으로 반죽하여 만든 '수타 칼국수' 음식점의 경우를 비교해 봅시다.

과거 수타 칼국수에서 기계로 전환되었을 경우 칼국수의 가격 변동 요소는 없었을 것입니다. 오늘에 있어서는 기계로 만든 칼국수가 한 그릇에 5,000원이었다면 직접 손으로 만든 수타 칼국수는 6,000원을 받을 수

있습니다. 이 경우 같은 업종이라도 업태는 변경된 것입니다. 물론 1980년대 기계 칼국수로 바뀌었을 경우에도 업태의 변화가 있었다고 할 수 있습니다.

이처럼 업태는 소비자의 라이프 스타일에 따라서 변화하게 됩니다. ①편의성이 증대되었다거나 ②경제적인 소비자 욕구(needs)가 증대되었다거나 ③고소득, 고학력, 여가의 활용, 생활의 개성화나 다양화에 따른 전문화에 대응하여 특화(speciality)된 욕구가 증대되었을 경우에는 소비자의 스타일에 따른 업태의 변신이 요구된다고 합니다.

2 가격결정과 높은 마진

음식점의 최대 장점은 마진율이 높다는 것입니다. 마진이라면 판매가격에서 재료대와 인건비를 빼고 난 나머지를 말합니다. 음식업종에 따라서 차이가 많습니다. 술 종류를 판매하면 마진율은 더욱 높아질 것입니다.

일반 유통 관련 장사의 20~25%의 마진율과 비교하면 대단히 높은 비율입니다. 이것도 건전하게 정가로 판매하였을 경우에 얻

을 수 있는 마진이라면 할인점 등과 경쟁이 치열한 경우 마진율은 10%에 그치고 맙니다. 품목에 따라서는 손해 보면서 판매하는 경우도 많습니다. 이런 점에서 음식점은 분명 유리하다고 볼 수 있습니다.

음식은 일반 공산품과 비교하여 가격경쟁이 적다는 점이 매력입니다. 디스카운트숍이라는 할인점들이 급성장하면서 공산품 가격은 '노마진'에 '원가파괴'에 이르렀습니다. 소비자를 상대로 하는 같은 소매업이지만 음식점은 가격만으로 승부할 수는 없는 것입니다. 오히려 고가의 고급 음식점으로 고객이 몰려 들지 않습니까?

문제는 판매가격의 결정입니다. 생산자가 희망하는 가격이 없는 것입니다. 생산자의 기준가격이 있다면 경쟁자보다 비싸게 판매할 수가 없습니다.

음식의 가격은 자유롭게 결정할 수 있습니다. 고객이 인정할 수 있는 가격의 범위라면 판매가 될 수 있습니다. 대형 음식점보다 비싼 가격으로 판매할 수 있는 소형 음식점도 가능합니다. 반대로 대형 음식점보다 싸게 판매하여도 팔리지 않는 소형 음식점도 있습니다. 가격파괴라고 하여 반드시 성공할 수는 없는 것이 음식점 경영입니다.

우선, 메뉴별 원가계산을 통하여 표준원가표를 작성, 게시하여야 합니다. 표준 원가표를 기준으로 적정 마진을 확보하여 판매가격을 결정하게 됩니다. 식재료의 야채류는 계절별로 작황에 따라서 가격변동이 매우 심한 편입니다. 따라서 계절별로 표준원가표를 체크하지 않으면 손해를 감수할 수밖에 없습니다. 계절별로 원가율이 변동됨에 따라서 메뉴의 원가도 변동되게 마련입니다.

우리나라에서는 일반적으로 음식점의 가격은 해가 바뀌어도, 계절이 바뀌어도 변함없이 같은 가격입니다. 이제부터는 메뉴의 가격변동에 따라서 계절별로 판매를 중지할 수도 있으며, 적절한 원가관리를 위하여 식재료를 교체하면서 메뉴를 만들어야 합니다. 메뉴에 계절감을 표현하기 위해서는 반드시 계절별로 원가계산을 실행하지 않으면 안 됩니다.

3 재료비가 적을수록 음식장사는 성공한다

음식점 경영의 가장 큰 특징 중의 하나는 고정비용이 크다는 것입니다.

흔히 음식장사가 제일 좋다는 막연한 이야기를 많이 하지만 고정비용의 투자가 부담이 됩니다. 그렇지만 일정 이상의 생산성 즉, 매출만 있다면 변동비용이 적다는 장점도 있습니다.

모든 장사에는 필요한 경비가 있습니다. 이를 대별하면 고정비와 변동비로 나눌 수 있습니다. 고정비용에는 인건비, 임차료, 감가상각비, 금리, 등이 있습니다. 변동비는 판매의 변화에 따라서 비례하는 비용을 말합니다. 재료대와 기타경비가 해당됩니다.

물론 고정비 중에도 변동하는 요소가 있으나 분류 상 이와 같이 고정비로 취급합니다.

그렇다면 변동비가 낮으면 왜 유리할까요? 우선 장사를 함에 있어서 이익을 낼 수 있느냐를 판별해야 합니다. 얼마를 판매해야 본전이 되는가? 이 점을 손익분기점이라고 합니다.

일정한 금액 이상을 판매하면 이익이 발생하지만 그 이하로 내려가면 손해가 되는 분기점이 있습니다. 이 점이 손익분기점입니다. 손익분기점을 계산하는 데 있어서 변동비가 낮으면 유리하다는 것을 알 수 있습니다. 구체적인 숫자를 통하여 분석하기로 합니다.

$$\text{손익분기점} = \frac{\text{고정비}}{1 - \text{변동비율}}$$

변동비율이 45%인 장사와 30%인 장사를 비교하였습니다. 단 고정비는 동일하게 1000만 원으로 가정하였습니다.

$$\text{변동비율이 45\%인 경우} \quad \frac{1,000\text{만원}}{1 - 0.45} \quad \fallingdotseq 1,818\text{만 원}$$

$$\text{변동비율이 30\%인 경우} \quad \frac{1,000\text{만원}}{1 - 0.3} \quad \fallingdotseq 1,428\text{만 원}$$

위의 계산에서 보듯이 변동비율이 30%인 경우가 변동비율 45%인 경우보다 약 400만 원 정도 낮음을 알 수 있습니다.

4 불황에 강하다

음식점은 지역밀착형 장사입니다. 멀리 있는 고객을 바라볼 필요가 없습니다. 따라서 정상궤도에 오르는 것이 비교적 빠르다는 것입니다.

음식점은 깨끗한 매장을 만들고, 알찬 메뉴를 준비하고, 정성스러운 서비스를 제공한다면 판매가 비교적 빠른 시간 안에 상승할 수 있는 업종이기도 합니다.

이용객이 점차 단골화되면서 입소문이 퍼지게 되면 경영은 급

성장하게 됩니다. 입소문은 지역밀착형 장사의 가장 큰 무기이기도 합니다. 아주 특별한 고급 음식점이 아닌 대중음식점은 불황에도 매우 강한 것이 특징입니다.

인간은 먹지 않고 살 수 없기 때문에 불황이라고 하여도 먹으러 가지 않을 수 없습니다. 또한 불황이라는 스트레스를 먹는 것으로 해소하는 경향도 있습니다. TV 프로그램만 보아도 음식 이야기를 빼고는 편성할 수 없지 않습니까?

5 중년부부의 개업 희망자가 급증하고 있다

IMF 사태가 발발한 이후 평생직장은 사라지고 말았다. 55~65세에서 정년퇴직을 하면 생활이 불안해지게 되었습니다. 우리나라의 평균 수명은 남성 70세, 여성 78세 정도입니다. 따라서 20여 년 동안 국민연금으로 생활해야 할 처지입니다.

최근에는 중년부부의 조리사 면허응시자가 급증하고 있습니다. 젊은층에서도 샐러리맨을 정리하고 무엇인가 자신의 장사를 하고자 하는 추세입니다. 우리나라의 대재벌이 불안합니다. 자금이 부족하여 파산한 그룹들도 많습니다. 일류기업에 근무한다는 자부심보다는 자신의 장래를 걱정해야 하는 시대가 온 것입니다.

일본에서 고등법원의 부장판사직을 사퇴하고 자신이 직접 조그마한 주점을 시작한 '오카모토' 씨를 소개합니다.

✖ 61세, 주점에 도전한 오카모토 씨의 주점『빠루』

　단신으로 삿뽀로시에 부임하던 날 시장거리의 축제에 흠뻑 취했던 기억을 잊을 수 없다는 오카모토 타케시(66세) 씨의 최종경력은 오사카고등법원의 재판장이었다. 전직 이유를 묻자, 자녀들과 동료들이 오카모토 씨가 만든 요리를 보고 기뻐하는 것을 보고 요리를 만들어 보는 것이 좋다고 생각했기 때문이라고….

　그래서 5년 남은 정년기간을 포기하고 요리전문학교에 입학했다. 클래스메이트는 모두 400명의 젊은이들. 체력을 감안하여 귀가 후에는 그날 배운 요리를 철저히 복습하였다. 요리학교도 1등으로 졸업하였다.

　졸업 후 오사카의 어느 요리전문점에서 4개월간 수업하였다. 요리점의 주인은 "60 넘어서 요리장이 되려는 '놈' 은 처음 본다"며 융숭한 대접을 해주었다. 결국 밤늦게 주점을 개점하는 것도 반드시 필요하고, 사업도 잘 될 것 같아서 시작했다.

　자동차 운전면허증도 취득했다. "역시 나이에 관계없이 새로운 일에 도전한다고 생각하니 과거의 경험과 연령을 잊게 되고 새로운 일에 적응하기 위하여 철저하게 연구하게 되더군요."

　어릴 적 꿈은 물리학자가 되는 것. 그러나 고교시절에 사귀던 여학생에게 빨리 프로포즈하고 싶어서 교토대학의 법학부에 입학하였다. 그렇지만 그녀와는 바로 헤어지고 말았다. 그리고 충실히 공부하여 재학 중 사법시험에 합격하였다. 초임지로 삿뽀로를 희망하였다. 그 후 몇 차례 전근하면서 연애결혼을 하게 되었다. 1972년 아내와 별거상태에 들어가면서 8명의 자녀 중 5명을 양육하기로 하였다. 부자(父子) 가정생활을 하게 되면서 자녀들의 식사를 만드는 일을 천직(?)으로 하게 되었다. 1988년 다시 삿뽀로로 부임하면서 자취생활을 시작하였다. 1994년, 별거하던 아내와 이혼 후 현재의 주방장과 재혼하여 개점을 빨리 할 수 있었다.

그동안 근무했던 재판소 근처에 개점을 하게 되었다. 편안히 앉아서 술과 요리를 즐길 수 있는 주점『빠루』(☎ 06-6361-9796)를 오픈할 때의 오카모토 씨의 나이는 61세. 개업자금은 물론 퇴직금으로 충당하였다. "실패할지도 모른다는 생각을 했다. 실패한다면 집을 팔고 다시 시작하면 되지." 하면서도 나이 들어 창업한다는 것이 때론 무섭기만 했다고….

주로 형사사건만 담당했던 오카모토 씨. 고등법원의 형사사건은 대부분이 도와 달라고 읍소하는 피고인의 소를 각하하는 일이었다. 그래서 누구에게 부탁한다는 것이 그에게는 무서운 일이라고 생각했는지도 모른다.

개점하는 날에는 아침 8시에 기상, 10시 30분에 점포에 출근하여 오후 5시까지 식재료를 구입한다. 그리고 오후 10시 30분까지 영업, 점포정리와 다음날의 재료를 점검하고 주문한 후 귀가하면 심야 2시. 재료구입은 용역을 이용하지만 영업 중 조리는 오카모토 씨 혼자서 소화하고 있다. "의외로 체력이 필요하다는 사실을 깨달았습니다. 항상 수면이 부족합니다."

메뉴는 신선한 회, 구운 생선 등으로 대부분이 일반 샐러리맨이 즐겨 먹을 수 있는 5천 원에서 7천 원 정도의 요리이다. 고급분위기와 고급재료를 사용하여 맛있는 요리를 서비스하지만 인건비를 낮추지 않으면 일반 샐러리맨들이 즐길 수가 없다. 그래서 결국 오카모토 씨가 모든 요리를 할 수밖에 없다는 것이다.

하루 출입하는 고객은 20명 정도. 좌석은 12석. 재판장 시절의 동료들이 찾아오기는 하나 90% 이상이 개점 당시부터 지금까지 단골로 찾아오는 일반 샐러리맨이다.

1인 평균 객단가는 약 5만 원정도. 따라서 1일 판매금액은 약 100만 원정도. 토·일요일과 경축일은 휴무이므로 월평균 판매금액은 약 2천만 원 정도. 재판장시절 수입의 20%에도 미치지 못한다.

그렇지만 오카모토 씨는 자신의 결심을 후회하지 않는다. 매일 고객이 즐거워하는 모습을 볼 수 있기 때문이다.

● 창업자 오카모토 씨의 한마디

고객들이 '맛있습니다' 라고 하면 기분이 좋습니다. 역시 음식업은 체력이 많이 필요한 것 같습니다. 처음에는 80세까지 해야지 하고 생각하였으나 지금은 10년이 목표입니다. 누구에겐가 요리를 맡기고 오너로서만 경영할 수 있다면 좋겠다고 생각하기도 합니다만, 요리가 즐거워서 시작한 만큼 고객들의 얼굴을 그리면서 제2의 인생을 만들어 가는 것이 목표입니다.

인간에게 즐거움을 줄 수 있는 일은 요리밖에 없다고 생각하면서 새로운 인생을 개척하고 있습니다. 따라서 투자금액이 얼마이고, 이익이 얼마나 나오는지 굳이 알려고 하지는 않습니다.

● 우리나라에 도입하려는 분들에게

고령자의 창업을 소개하였습니다. 우리나라에서는 60세 이상의 창업자는 드문 편입니다. 필자도 지난 해 많은 분들의 상담을 받았지만 55세 이상 되신 분과 상담한 경험은 많지 않습니다.

고령자의 창업은 많은 이익을 얻으려 하기보다는 오카모토 씨의 경우처럼 일을 통해서 만족감을 얻는 것이 무엇보다 중요합니다. 일반 샐러리맨들에게 맛있는 요리를 저렴하게 공급하면서 보람을 찾는 자체가 이익이라고 생각한다면 욕심 없이 창업할 수 있을 것입니다.

제2의 인생이라는 의식보다는 새로운 인생에 도전한다는 의식이 필요합니다. 새로운 인생은 빨리 시작할수록 유리하다는 것도 명심해야 할 것입니다.

6 업종을 선택하려면 새로운 판매스타일을 먼저 연구하라

"음식점을 개업하려고 하는데 어떤 업종이 좋습니까?" 또는 "요즘 잘 나가는 유행업종을 알려 주십시오" 라는 질문을 받곤 합니다.

질문은 많아도 필자의 답은 간단합니다.

"어떤 음식점도 유망합니다. 그러나 모두 다 성공할 수는 없습니다." 어떠한 업종이 중요한 것이 아니라 업종이라고 하는 주역메뉴에 업태라고 하는 판매방법, 서비스 방법 등을 보조메뉴로 하여 새로운 스타일을 창조하는 것입니다.

판매방법이 혁신된 회전초밥, 헌책방 카페점과 같이 새로운 스타일을 연구해야 합니다.

✠ 헌 책방의 이미지를 카페 스타일로 바꾼 『하트 랜드』

　일본에서 헌 책방을 이야기하면 선뜻 도쿄의 '간다 짐보쵸' 지역을 손꼽는다. 짐보쵸 지역을 중심으로 300여 미터 거리에　약 170여 점포가 집합되어 있다.

　새 책을 판매하는 서점은 불과 4곳에 불과하다. 지방에도 많은 고서점가들이 있지만 다음으로는 「고엔지」를 떠올리게 될 것이다.

　그러나 고엔지에서도 다소 떨어진 「스기나미구 니시오기기타 3쵸메」에서 헌책방의 이미지를 카페 스타일로 바꾼 『하트 랜드』(☎ 03-5310-2520)는 일본에서도 가장 혁신적인 형태로 경영하

▲ 하트랜드 매장 모습

고 있는 곳이다. 헌 책 속에 맥주가 숨어 있기 때문이다.

『하트 랜드』의 점장 사이키 히로시(38) 씨는 세일즈 엔지니어로서 10년간 근무했던 직장을 퇴직하고 창업을 하기 위하여 3년 동안 준비를 했다. 창업자금과 판매금액 등을 밝힐 수 없다는 사이키 씨는 자신의 취향을 100% 살리는 비즈니스가 가장 성공률이 높다고 생각하였다.

카페 스타일의 헌책방을 개업한 것은 1997년 7월이었다.

그는 학생시절부터 카페가 있는 헌책방을 경영해보고 싶은 생각을 가지고 있었다고 한다.

15평 매장의 전면에는 헌 책을 진열하고, 매장 내부의 반은 카페로 만들었다. 좌석은 모두 14석. 각종 음료와 세계 각 지역의 맥주를 즐기면서 책도 읽을 수 있다.

유명 브랜드 맥주보다는 지역적인 특산물 맥주를 27종이나 판매하고 있다. 맥주 판매금액도 전체 판매금액의 약 10%를 차지한다. 물론 책을 구입하지 않고 읽기만 하여도 좋다.

클래식 음악이 흐르는 분위기에서 책을 고르며 카페를 즐길 수 있는 헌 책방의 이미지는 무엇인지 모르게 이상하다고 생각할 수 있다. "음악을 사랑하고 책을 좋아하는 젊은층의 라이프 스타일을 이해한다면 쉽게 납득할 수 있지 않겠어요?"라며 사이키 씨는 반문한다.

소비자의 라이프 스타일과 구매태도를 파악하는 것이 가장 중요한 포인트이다. 이것이 사이키 씨의 창업관이다.

싸이키 씨는 3년 동안 창업준비를 하면서 미국을 방문한 적이 있었는데 그는 거기에서 힌트를 얻었다. 카페가 병설된 대규모의 서점을 보고 이것을 일본식으로 개조한 것이 「헌 책+카페」가 된 것이다. 메뉴에 맥주가 포함된 것은 사이키 씨 자신이 맥주를 좋아해서 추가했다고(웃음).

세계 각지의 맥주를 음미하면서 책을 읽을 수 있기 때문에 젊은 층에게 인기가 매우 높다고 한다. 입에서 입으로 광고가 되면서 매일 50여 명의 고객이 방문한다고 한다.

『하트 랜드』의 평판을 물었다. 맥주를 좋아하는 사람, 클래식 음악을 좋아하는 사람, 책을 좋아하는 사람 등 이런저런 이유로 입소문이 퍼져 가고 있다고 한다.

소규모이지만 판매금액이 매월 확실하게 증가하고 있다. 고서 들이 판매금액의 80%를 차지하고 있으며, 맥주가 10%, 기타 소 프트 음료가 10%라고 한다.

※ 창업자금과 경영분석

구　분	금　액	비　고
개 업 일 시		1997년 7월
창업자금	비공개	매장 15평
1999년 4월 판매금액	600만 엔	추정

● 창업자 사이키 씨의 한마디

엔지니어의 전업이 쉽지는 않았습니다. 기술직의 창업은 연구 개발이나 제조업을 중심으로 시작하는 것이 좋습니다. 저 역시 제가 하고 싶은 일을 시작하기 위하여 3년이란 세월을 투자(?)하였습니다.

또한 많은 참고서적을

▲ 하트랜드 주인, 사이키 씨

탐독하였지만 결국 성공할 수 있는 요인으로는 정신력이 가장 중요한 문제라고 봅니다. 창업으로 성공할 수 있느냐 하는 것은 결국 성공에 대한 자신감입니다.

● 우리나라에 도입하려는 분들에게
일본의 대기업들도 만성적 불황을 벗어나지 못하고 흔들리고 있습니다. 많은 샐러리맨들이 소리 없이 기업을 떠나 나홀로 창업을 시작하는 추세입니다. 대기업이 겪는 불황의 파고는 중소기업보다 더욱 크다고 합니다. 대기업의 불황이야말로 소비자들의 니즈(needs), 즉 요구를 적확하게 파악하지 못한 데서 비롯된다고 보고 있습니다.

이때야말로 개인적 창업의 찬스라고 하는데, 문제는 고객의 요구를 어떻게 잡느냐에 달려 있습니다. 종래의 상품 구성에서 탈피하여 소비자의 입장에 서서 상품을 선별해야만 계속 판매가 증가할 수 있습니다.

그리고 불황으로 대기업이 경직상태에 빠져 있는 지금이 창업 적기라고 일본의 창업전문가들은 말합니다. 일반 소매점이 대기업의 판매대리점으로서 '기생' 한다는 의식을 버려야 한다는 것입니다. 아울러 이런 의식을 버리지 못한 대기업일수록 판매는 부진의 늪을 벗어나지 못하고 있습니다. 소비자의 만족을 대행하는 소매점이라는 의식전환이 없는 한 부진의 늪을 벗어날 수 없다는 것입니다.

결국 소비자 입장에서 볼 때, '소비자가 원하는 것은 무엇이든 판매하는 곳' 이 최상의 판매점이라는 것입니다.

맛있는 먹거리가 필요하다는 '요구' 가 있다면 싸전에서 빵을 판매하여도 좋다는 것입니다.

상품의 구색이 전혀 맞지 않는다고 해도 소비자의 요구 있다면 이것은 결코 불균형이 아니란 걸 알아야 합니다.

결국 기본적인 구도는 다음과 같습니다.

① 고객의 니즈에 한 발 앞서가며, 만족도 높은 상품을 적극적으로 도입합니다.

시대의 흐름을 따라서 한 발 앞서가는 것이 중요한 포인트입니다.

② 철저한 마케팅 조사를 통하여 항상 매장의 변화를 추구하고, 소비자를 포용할 수 있도록 적극적으로 신상품을 도입합니다.

③ 소비자의 손이 닿기 쉽도록 독자적인 진열방법을 연구합니다.

『하트 랜드』에서 헌 책을 쉽게 읽을 수 있다는 편의성도 넓은 의미에서 소비자의 손이 닿기 쉽다는 요소에 해당한다고 볼 수 있습니다.

④ 끝으로 몇 가지 형태의 업태 개발을 소개합니다.

- · 휴대폰＋무첨가음료수
- · 부동산＋공기정화기
- · 약국＋쌀(기타 곡물 포함)
- · 미용실＋부티크
- · 철물점＋선물용품
- · 신사복＋선물용품
- · 24시간편의점＋샐러드
- · 레코드, 비디오대여＋서적

7 시대의 흐름을 타는 장사를 선택하라

업종·업태의 검토시에는 시류 즉, 시대의 흐름을 타는 것이 매우 중요합니다. 어떠한 장사든지 시류를 무시할 수는 없습니다. 음식점은 인간이 살아가는 데 있어서 기본이 되는 것이므로 일반 장사보다는 시류의 영향을 덜 받는 편이지만 시류를 타게 된다면 기대 이상의 성과를 얻는 경우가 많습니다.

그렇다면 시류를 탈 수 있는 업종을 선택하는 기준은 무엇일까요?

다음과 같은 기준을 참고로 선정해보기 바랍니다.

① 초보자도 쉽게 시작할 수 있는 일
② 비교적 소규모, 소자본으로 할 수 있는 일
③ 대중에게 폭넓게 지지를 얻을 수 있는 일
④ 고난도 기술이 필요없으며, 단기간에 습득 가능한 일
⑤ 작업함에 있어 지나치게 힘이 들지 않는 일

먹는 장사는 누구든지 쉽게 할 수 있는 일이며 개업하기 쉬운 업종이자 업태입니다.

✠ 어머니 손맛 같은 가정요리를 대행해 주는『후레쉬 후레쉬』

일본의 수퍼마켓이나 백화점 등의 식품 코너에서는 反(반) 가공이나 완전히 가공된 반찬을 판매하고 있다. 기업형 반찬공장도 있지만 일반 가정에서 소규모로 조리한 반찬도 매우 많다. 현대인의 식생활에서 손으로 만든 요리, 헬씨 푸드(건강식품) 같은 느낌을 주는 요리로 바쁜 현대인을 향하여 어머니 대신 만들어 제공하는 반찬이 급증하고 있다. 그렇지만 가정 요리를 판매하는

▲ 후레쉬 상품

곳은 흔하지 않다.

직장을 가지고 있는 주부, 독신자 또는 혼자 사는 노인들을 위하여 가정요리를 대행해주는 비즈니스를 소개한다. 신선한 재료만을 사용한다는 의미에서 상호를『후레쉬 후레쉬』(☎ 043-246-9631)로 지었다고 점장 고이데 히데오(57세) 씨는 말한다.

일본에서도 백화점의 식품코너 등에서 반찬을 만들어 판매하고 있으나 가정의 요리를 전체적으로 만들어 판매하기로는『후레쉬 후레쉬』가 처음이다.

『후레쉬 후레쉬』에서는 반찬은 물론 스파게티, 우동, 모밀국수, 도시락, 주먹밥 등 점심과 저녁식사를 할 수 있는 품목이 60여 아이템. 가정요리만도 30여 종류가 된다. 8명의 파트 타이머(시간제 근무자)의 수고로 30여 종류의 요리를 만들고 있으며 매일 20여 종류는 추가로 보충하고 있다. 매장의 한 면에는 12석의 좌석이 마련되어 있어 스파게티나 샐러드 등을 즐길 수 있다.

"기본적으로 부모와 자식을 생각하면서 요리를 만듭니다." 따라서 첨가물 등을 일절 사용하지 않고 바로 먹는 것처럼 맛있게 만드는 방법을 연구하고 있다. '따뜻한 요리를 따뜻할 때에 먹을 수 있도록' 정성껏 마련하는 것이 고이데 씨의 모토라고 한다. 개점한 지 불과 100여일 되었지만 단골고객들이 많이 생겼다. 매일 200~300명의 고객이 방문하고 있다. 날씨에 따라서 큰 차이를 보이고 있으나 평일에는 주부고객이 절대적이며, 토·일요일에는 젊은층이 눈에 많이 뜨인다고 한다. 고객 1인당 구매가격은 대략 8,000원 정도. 모든 상품의 가격은 100g당 1,500원 정도. 4월의 판매실적은 4,500만 원. 그렇지만 1억5천만 원이 목표금액이다.

24시간 편의점이었던 지금의 장소를『후레쉬 후레쉬』매장으로 바꿀 때 고이데 씨의 고민은 여간 크지 않았다. 38평이란 넓은 면적을 감안할 때 새로운 사업 아이디어를 찾기란 여간 쉬운 일이 아니었다.

'가정요리' 라는 매우 희귀한 아이디어로 승부를 걸었다. '핵가족화 되면서 주부의 취업률이 높아지는 가운데 많은 첨가물이 포함된 가공식품은 싫증도 났고 건강면에서 불안하기만 하다. 그러나 자신이 직접 만들기에는 여간 귀찮은 게 아니다. 조금 비싸도 맛있고 믿을 수 있다면 사 먹을 수 있다' 는 비즈니스 찬스를 포착한 것이다.

매장 전체의 분위기를 가정 생활의 연장과 같은 분위기로 만들었다. 매장의 전면에는 고객들이 좋아하는 요리를 자유롭게 선택할 수 있도록 벌크판매를 하고 있으며, 청결과 위생적인 면은 물론 항상 세세한 서비스에도 신경을 쓰고 있다.

매장에서 음식을 먹을 수 있도록 12석의 좌석을 마련하여 가정에서 요리를 먹는 듯한 기분을 느끼도록 배려하고 있다. 아직은 적자 폭이 크지만 앞으로 3개월 후면 흑자로 전환될 것이라고 고이데 씨는 예측하고 있다.

※ 창업자금과 경영분석

구 분	금 액	비 고
개 업 일 시		1999년 2월 10일
창업자금	3,000만 엔	매장 38평
1999년 4월 판매금액	450만 엔	

● 창업자 고이데 씨의 한마디

"불과 3개월이 경과하여 성공하였다고 판단하기에는 이른 감이 있지만 고객들이 날로 증가하고 있는 현실을 보면서 몇 가지 추천하고 싶은 이야기가 있습니다. 다음 5가지를 보고 각자 판단하시기 바랍니다."

첫째, 모든 고객을 나의 부모나 자녀와 같다고 생각하면서 정성 들여 요리를 만들고 있습니다. 문자 그대로 가정요리 대행이므로 맛과 가격이 중요한 포인트입니다.

둘째, 신선한 무농약·유기야채와 천연조미료를 사용하여 맛을 내므로 항상 맛의 변화와 이에 따른 연구를 해야 합니다.

셋째, 조리의 재료에 따른 손맛보다는 계량화를 통하여 항상 같은 맛을 유지할 수 있도록 노력하여야 합니다. 1~2년간 계량화된 매뉴얼로 체인사업 본부를 설립할 꿈을 가지고 있습니다.

넷째, 점심시간과 저녁시간이 피크 타임. 따라서 신선함이 생명인 샐러드 등은 그 시간에 맞추어 조리합니다.

다섯째, 일반경비는 많이 들지 않으나 로스(손실)가 많이 날 수 있으므로 주의를 요합니다. 계절과 그 날의 날씨에 따라서 고객의 변화에 영향을 크게 미치므로 상황판단을 잘 해야 합니다.

● 우리나라에 도입하려는 분들에게

점포는 매장과 조리하는 공간으로 구성할 수 있으며, 점포 크기는 10평 정도면 충분합니다.

진열장으로는 냉장설비가 붙은 유리 진열장이 필요하며, 조리 설비로는 가정에서 사용하는 설비와 비품이 필요합니다. 부부가 함께 일할 수 있으며, 필요시 파트타이머를 활용할 수 있습니다.

개업시 식품가공판매허가(즉석판매제조가공업 허가)가 필요합니다.

점포 계약시 건물의 용도에 따라서 허가여부가 결정되기 때문입니다. 자세한 안내는 시군구청의 위생과에 문의해보는 것이 좋습니다.

허가 취득관련 이전에 위생문제는 매우 중요합니다. 여름철에는 식중독에 주의를 요합니다. 식중독은 음식업의 천적입니다.

메뉴는 가정요리가 50%, 계절요리가 30%, 유행성이 있는 요리 20%로 구성하는 것이 좋습니다. 진부하지 않도록 새로운 메뉴를 개발해야 합니다. 매일 20~30여 종류의 메뉴를 준비하는 것이 좋겠습니다.

식재료는 다소 원가가 높더라도 유기·무농약 농산물을 사용하며, 그 근거를 확실하게 이해시키는 것이 중요합니다. 그러면 건강과 자연을 지향하는 구매의욕에 브레이크는 없을 것입니다.

8 경영 분석표

"장사를 전혀 모릅니다. 35% 마진이라는 체인본부의 말만 듣고 시작했으나 20%의 마진도 찾기 힘듭니다."라는 전화를 받을 때마다 필자는 경영이익을 내기 위해서 이익구조에 맞추는 영업을 해야 한다고 설명합니다.

나홀로 창업도 마찬가지입니다. 이익구조는 바로 여러분이 책임져야 할 부분입니다. 어느 누구도 책임이 없습니다.

음식장사는 인건비와 식재료비용이 차지하는 비중이 매우 높습니다.

주방장을 채용할 경우에는 인건비 비중이 훨씬 높아지게 마련입니다. 개업하기 전에 이런 내용을 면밀하게 검토하여야 합니다.

준조세 성격의 경비를 제외하고 나면 얼마가 남는지 확인해 보아야 합니다. 다음과 같은 도표를 참고하시고 순이익률을 파악하기 바랍니다.

※ 경영 분석표

항 목	내 용	
① 판매금액	100%	손익분기점 이하로 내려가서는 안된다
② 원재료비	판매금액의 30%	②+③ (두 비용의 합계)이 판매금액의 55%를 초과해서는 안 된다
③ 인건비	판매금액의13~ 15%	
④ 임차료	판매금액의 6 ~ 10%	
⑤ 감가상각비	판매금액의 6%	
⑥ 기타비용	판매금액의 15%	
⑦ 판매원가	②~⑥의 합계	판매금액의 80~85%를 초과하지 않도록 한다
⑧ 영업이익	① - ⑦	판매금액의 15~20% 이상을 목표로 한다
⑨ 금리	판매금액의 은행 등의 지불이자	급전은 사용하지 않는다
⑩ 관리비용	5%	
⑪ 순이익	5~12%	소득세전이익

9 점포의 위치조건과 특성

점포가 세력권을 형성하고 있는 것을 상권이라고 합니다. 상권에 대해서는 필자의 다른 책에서 언급한 바 있으므로 여기에서는 간단하게 상점가의 성격에 대하여 설명하려고 합니다.

상점가의 위치와 내부 구성을 중심으로 살펴보겠습니다.

여러분은 다음 사항을 종합적으로 체크하여 상점가 자체의 파워와 그 속에서의 점포의 위치조건을 판단하여야 합니다.

① 상점가가 있는 도시의 규모

기본적으로 다음과 같은 사항을 체크합니다. 중심 상점가가 있는가? 주변 상점가가 있는 도시의 규모는 얼마나 큰가? 도시 자체가 성장적인가, 사양적인가?

② 상점가의 위치

이 상점가는 도시 중에서 어디에 위치하고 있는가?

이것은 중심 상가인가, 근린형 상가인가?

③ 경쟁관계

경쟁관계가 있는 상점가와 대형점과의 위치관계는? 그리고 이 관계는 대등한 관계인가? 우열은 어떠한가?

④ 상점가의 길이

상점가의 길이는 얼마나 긴가? 한 상점가에 몇 개의 상점조합이 있는가? 복수의 상점조합이 있는 경우 그 길이는 얼마나 되나? 보행자들이 쇼핑하기 적당한 상점가의 길이는 400m 전후입니다. 왕복으로 해도 700~800m 이내이어야 합니다.

⑤ 상점가의 폭

상점가의 폭은 도로의 폭과 같습니다. 6m 이상이면 보행자들은 좌우 양측을 분별하기기 어려워집니다. 또한 폭이 넓어질수록 자동차의 통행량이 늘어나기도 합니다. 한편, 우리는 좌측통행에 길들여져 있으므로 우측의 점포는 잘 보이지 않는 경향이 있으므로 주의해야 합니다. 편의점 상점가는 4~5m 정도가 적당하며, 10m 이상이면 좌우측 중의 유리한 측면을 선정하여야 합니다.

⑥ 인도와 차도의 구별

자동차 통행량이 많은 경우에는 인도와 차도의 구별 여부가 소비자들에게 매우 큰 영향을 미치게 됩니다. 상점가의 폭이 12m 이하이면 차량과 사람의 통행이 불편하게 됩니다. 12m 이상이면 좌우측에 2m 정도의 인도를 설치할 수 있습니다.

⑦ 상점가와 교차하는 도로

상점가에서 교차하는 도로가 있는 경우, 상점가는 분산되고 맙니다. 교차하는 도로의 폭이 넓고 차량의 통행이 많을수록 더욱 그렇게 됩니다. 그러나 도로폭이 4~5m 이내라면 오히려 유리한 조건이 될 것입니다.

⑧ 점포수

점포 수는 상점가의 길이와 관계가 있습니다. 최소 70점포 이상이라야 상점가의 파워가 있습니다. 50점포 이하라면 다소 불충분하고 30점포 이하인 지역은 상점가로서 불투명하므로 포기하는 것이 좋습니다.

⑨ 업종구성

일반적으로 상점가에서는 편의점을 개점하기가 쉽습니다. 그러나 패션품은 의류점이 많은 상가가 유리하고 활기가 있습니다. 가구, 신사복, 전자제품은 전문점이 밀집한 지역이 유리합니다.

⑩ 점포 구성비율

상점가는 종류별 점포의 구성비율을 가지고 있습니다. 점포의 종류별, 사무실, 주택 등의 구성비율이 어떻게 존재하는가에 따라서 상점가의 파워가 달라집니다. 상점가의 전체 건물 중 점포의 구성비율이 80% 이상이면 좋습니다. 그러나 60% 이하라면 상점가의 흐름이 끊기는 경향이 있습니다.

⑪ 출입구

상점가의 주 출입구가 어느 방향인가에 의하여 점포의 파워가 달라집니다. 물론 통행객들은 주 출입구를 많이 사용할 것입니다.

⑫ 핵점포

상점가 내부에 대형점이 있는 경우에 매장의 면적, 취급상품, 판매금액, 방문객수 등과 상점가의 고객 흐름과의 관계를 조사합니다. 핵점포와 상점 외부의 고객 흐름과의 관계를 잘 살펴보아야 합니다. 근린형 상가에서 대형 수퍼마켓도 핵점포의 하나입니다.

⑬ 공동사업

상점가 전체의 공동사업을 활발히 함으로써 상가의 활기가 달라집니다. 상인들의 친목단체를 통하여 상권 전체를 활성화시킬 수 있는 방법을 찾아야 합니다. 단순한 유흥의 친목단체보다는 상권을 살릴 수 있는, 상권의 발전을 위한 정책을 만들 수 있는 공동사업을 실행한다면 개개의 점포가 경쟁력을 갖게 될 것입니다.

10 위치조건에 따른 업종 · 업태 전략

상권은 그 특성에 따라서 다음과 같이 나눌 수 있습니다. 표현 방법에 따라서 명칭이 달라질 수 있으나 이 책에서는 다음과 같이 정하였습니다.

※ 업종 · 업태전략

위치조건	성 격	업태 만들기
오피스 지역	오피스 중심의 비즈니스 타운으로서 주요 표적고객은 직장 남녀	① 실질 영업일수는 약 24일 이내 ② 일요일과 경축일은 휴일 ③ 점심시간에는 런치타임메뉴를 개발
유흥상업지역	번화가 토 · 일요일이 피크타임	① 영업은 연중무휴가 가능 ② 피크타임은 점심시간과 저녁시간부터 심야까지 가능 ③ 저녁영업은 17시부터 시작
신상업지역	젊은층 중심의 번화가 패션지향적	① 연중무휴 영업이 가능 ② 피크타임은 점심시간과 저녁시간부터 심야까지 가능 ③ 상권에 따라서는 심야의 판매비중이 크다 ④ 남녀대학생이 주고객이며, 20대 오피스 레이디가 많다
주택가	주택가를 중심으로 형성 역전이나 터미널은 번화가가 된다	① 연중무휴 영업 ② 업종에 따라서는 포장 서비스나 배달이 가능 ③ 준상업지역이 있는 곳이라면 점심시간의 영업도 가능
도심외곽 타운	도시에서 가까운 교외형 위치	① 술을 판매하는 업종은 적절하지 않다 ② 식사를 할 수 있는 레스토랑이 좋다 ③ 가족고객을 목표로 한다 ④ 업종에 따라서는 심야영업도 가능
리조트형 교외	교외의 도로변	① 술을 판매하는 업종은 적절하지 않다 ② 식사를 할 수 있는 레스토랑이 좋다

Ⅲ 먹는 장사의 비밀을
파헤친다

Ⅲ 먹는 장사의 비밀을 파헤친다

　음식장사의 매력은 고마진과 현금수금입니다. 평균 65~70% 라는 마진율에 순이익이 25~30%에 이른다는 장점으로 음식점 은 매력 있는 사업이라고 합니다. 따라서 지금 음식점은 춘추전 국시대를 방불케 하고 있습니다. IMF사태를 맞이하면서 상당수 의 음식점이 도태되었지만 변함없이 신규 참여가 증가하고 있습 니다.

　그러나 소비자의 지불능력은 한정되어 있습니다. 새로 음식점 이 생기는 만큼의 폐업이 뒤따르고 있는 것입니다. 그럼에도 불 구하고 왜 이렇게 음식점이 증가하는 것일까요?

　개인의 소자본으로 누구라도 도전하기 쉽다고 생각하기 때문입 니다. 초보자도 쉽게 참여할 수 있습니다. 우선 계산상으로 보이 는 마진율이 높지 않습니까? 식재료 과잉재고의 부담도 없습니 다. 매일매일 현금으로 수금하니 얼마나 매력적입니까?

　그리하여 상점가는 물론이고 거리마다 음식점이 넘쳐나고 있습 니다. 상권에 음식점이 차지하는 비율이 15%가 넘으면 과잉이라 고 합니다. 우리나라의 현실에서는 20~60%에 이르는 것 같습 니다. 이처럼 음식점은 매력 있는 사업임에는 틀림없습니다.

　음식점의 과당경쟁은 어떻게 판단해야 할까요? 경쟁이 치열한 '먹자촌'에서도 이면도로의 2등급지역에서도 성장하고 있는 신 규 음식점은 있게 마련입니다. 위치조건이 좋은 장소에서도 망하 는 음식점이 있는가 하면, 2등급 지역에서도 번창하는 신흥 음식 점이 있는 것을 볼 수 있습니다.

　IMF사태 이후 국민소득의 변화가 초래되었으나 여전히 외식습

관은 늘어만 가고 있는 추세입니다. 소비자의 욕구는 '한적함과 편안함' 일 것입니다. "음식만 맛있으면 되지" 하는 생각은 이미 1970년대의 사고방식입니다. 고객에게 편안함과 독특한 분위기 등의 부가가치를 서비스하는 음식점에는 항상 고객이 많습니다. 이런 의미에서 신규 음식점의 성공 찬스가 높다는 것입니다.

그렇다면 음식점의 부가가치는 어떻게 만들어야 할까요. 우선 업종을 선택한 다음 업태를 결정하여야 합니다. 즉, 점포의 컨셉을 명확하게 해야 합니다. 예를 들어 여자대학교와 신주택가가 있는 전철역 주변 상권에서 점포의 컨셉을 구성하는 요소는 다음과 같습니다.

※ 점포의 컨셉을 구성하는 요소의 비교

순서	구성 요소	사례 연구
1	업종 및 주력 상품 (what)	원두커피숍
2	고객의 이용동기 (why)	여성의 대화장소로 제공한다
3	표적고객층 (who)	18세부터 45세의 여성고객
4	영업시간 (when)	주부의 활동시간에 맞추어 오전 10시부터 여자대학교 학생들이 이용가능한 시간인 오후 10시까지
5	위치조건 (where)	여자 대학교와 신주택가가 있는 전철역 주변 상권
6	판매방법 (how)	사교장으로 잘 어울리는 고급 인테리어
7	판매가격 (how much)	여성이 용돈 정도의 가격으로 약 5,000원 정도

위와 같이 음식점의 컨셉을 세운 후 구체적인 계획을 수립해야 합니다. 다음은 기대되는 음식업종별로 노하우를 파헤쳐 보겠습니다.

① 특징

대중적인 음식으로 고속도로의 휴게소 등에서 인기가 높습니다. 위치조건에 따라서 틀릴 수 있으나 일본에서는 알코올을 보조메뉴로 등장시키고 있습니다. 점심에는 어묵을 정식으로 판매하고 있지만 저녁 이후에는 알코올을 판매하는 경우가 일반적입니다. 물론 어묵의 종류도 매우 많습니다.

일본 어묵전문점에서 사용하는 재료는 매우 다양하면서도 독특한 맛을 자랑하고 있습니다. "어묵집 가마솥은 폐점하는 날까지 한 번도 청소를 하지 않고 계속 재료와 물을 첨가하여 맛을 낸다."고 합니다. 그럴수록 더욱 맛이 있다는 것입니다.

지금 음식점을 경영할 경우 경영을 압박하는 가장 큰 요인은 인건비라고 합니다. 어묵은 가공식품을 재료로 쓰고 있습니다. 어묵은 고도의 조리기술을 필요로 하지 않으므로 인건비 걱정을 덜게 됩니다. 10평정도의 소점포에서 직접 조리하면서 판매할 수 있습니다.

어묵은 한국 소비자들도 즐겨 먹는 음식입니다. 물론 일본의 어묵맛과는 전혀 다른 '한국산 맛'이라고나 할까? 일본의 전통 오뎅의 맛을 소개한다면 어떨까? 필자는 단조로운 한국식 어묵점보다는 여러 가지의 맛이 나올 수 있는 정통 일본식 오뎅전문점을 권합니다.

② 위치조건

어묵전문점은 일반 대중음식점으로서 대중성이 매우 강한 특징을 가지고 있습니다. 따라서 특별하게 위치조건의 제약성이 적다는 점이 강점입니다. 위치조건보다는 상권의 조건에 맞는 업태를 개발하는 것이 중요합니다. 상권의 특성에 맞는 업태는 다음과 같습니다.

※어묵점의 적절한 위치

위치조건	성공속도	비 고
사무실 밀집지역	우수	낮에는 점심메뉴, 저녁에는 알코올메뉴
유흥상업 지역	최고	점심메뉴는 상권의 조건에 따라서 검토하고, 저녁에는 16시부터 개점
신상업 지역	최고	16시부터 개점. 위치조건에 따라서는 심야영업이 강하다
주택가	우수	Take-out(포장판매)이 가능해야 한다. 사무실 등이 있다면 점심메뉴도 개발해야 한다
도심 외곽지역	보통	다양한 정식메뉴의 개발이 필요하다
리조트형 교외	보통	

어묵점은 충동구매가 강한 일상적인 상품이므로 면적은 적더라도 주부 통행객이 많은 도로변 1층이 가장 유리합니다. 쇼핑센터의 지하 1층에 식당가가 형성되어 있으면 지하 1층도 좋습니다. 상권은 절대적인 것이 아니므로 상황에 따라서 변합니다.

사무실 밀집지역은 영업일수가 적어지게 되어 불리하나, 보증금이나 임차료는 유흥상업지역이나 신상업지역보다 싼 편입니다. 판매력을 신장시키기 위해서는 금·토요일에는 단체고객을 유치하여 부족한 영업일수를 보완해야 합니다.

주택가의 경우에는 배달 또는 테이크아웃(포장 판매)을 적극적으로 추진하여야 합니다. 테이크아웃형 매장으로 레이아웃을 하여 오후에는 일찍 개점하는 것이 포인트. 어묵점은 재래시장이나 도로의 휴게소에서 어린이와 주부들에게 가장 인기 있는 곳이기도 합니다.

③ 점포 규모와 필요 자금

오뎅점은 여성(주부)이 소규모, 소자본으로 경영할 수 있는 대표적인 장사입니다. 2~5평으로도 가능합니다.

분위기를 만들고 작업하기 편한 매장이라면 최소한 8평은 확보해야 합니다. 주방에 약 2.5평, 출입구에 약 0.5평, 객석에 5평을 배분한다면 좌석은 약 16~20석을 만들 수 있습니다.

10평 매장이라면 주방이나 출입구는 변함이 없고 좌석은 약 8석 정도 추가할 수 있습니다.

어묵점의 필요한 자금 내역은 다음과 같다. 여기에서는 구체적인 숫자를 밝히기가 어려운 부분이 많습니다. 점포의 임차료도 지역이나 위치조건에 따라서 매우 다릅니다. 설비도구도 마찬가지입니다.

필자는 이런 점을 감안하여 간단한 리스트를 제공하는 데 의의를 두고자 합니다. 여러분이 실제로 조사하여 기입하기 바랍니다.

※ 10평 어묵점의 필요한 자금내역

(단위: 천 원)

항목	내 용	예상금액	조사금액	실제금액	비 고
점 포 취득비	보증금				
	권리금				
	중개수수료				
	소계				
공사비	내장공사	5,000			
	외장공사	1,000			간판
	부대설비	500			
	조명설비	200			
	기타	200			
	소계	6,900			
설비비	냉난방설비	2,500			
	주방설비	2,000			중고품
	기타	500			
	소계	5,000			
집 기 비 품	식기	800			
	조리도구	1,000			
	전화	150			중고품
	객석	800			중고품
	기타	200			
	소계	2,950			
개 업 준비비	구인비용	—			
	광고비	—			
	개점행사	500			
	기타	1,000			
	소계	1,500			
기타	예비비	1,500			
합계		17,850			

④ 점포 레이아웃 포인트

전통적으로 대중성이 강한 장사는 고객을 위한 레이아웃을 볼수가 없습니다. 어묵점도 예외는 아닙니다. 옛날의 점포형태를 답습하고 있습니다. 옛날에는 그저 배고픔만 해결하던 곳이 음식점입니다.

현대의 음식점은 위생성, 청결성, 분위기, 그리고 가격과 서비스 만족에 의한 종합적인 고객만족도가 승부수입니다. 특히, 어묵점은 여성고객이 많습니다. 여성고객은 맛있다는 음식 자체에 만족하기보다는 분위기에서 만족감을 찾는 경향이 높아지고 있습니다.

⑤ 메뉴 포인트

도로휴게소를 비롯하여 웬만한 '먹자골목'에는 어묵점이 있습니다. 최근에는 24시간 편의점에서도 판매하고 있습니다. 우리나라에서 판매하고 있는 어묵은 어디를 가나 별 차이가 없습니다. 여기서 생각의 포인트를 찾아야 합니다. 개성 있는 어묵류를 찾아야 합니다. 우리나라에 있는 어묵류는 불과 2~3종류로 한정되어 있습니다. 부재료를 사용하여 색다른 메뉴를 개발해야 합니다. 새우와 같은 해물과 소시지류와 같은 육가공품을 혼합하여 특이한 메뉴를 개발해야 합니다. 그리고 어묵의 본고장 일본으로 눈을 돌려보는 것도 하나의 방법이 될 수 있습니다.

어묵은 뜨거워야 제맛이 난다고 합니다. 국물만 뜨거워서도 안됩니다. 흔히 1회에 서비스가 끝나버려 먹으면서 이야기라도 한다면 국물이 식어서 맛을 잃게 됩니다. 어묵점(오뎅점)은 2~3회 나누어서 서비스하는 것을 기본으로 하여야 합니다. 길거리의 포장마차에서 먹는 어묵이 맛있는 것은 뜨거운 국물을 계속 조금씩 제공하여 맛을 유지하기 때문입니다. 따라서 어묵을 술안주로 할 경우에는 뜨거운 맛을 오랫동안 유지시켜 주는 서비스가 필요합니다.

낮에 정식으로 제공하는 경우에는 신속한 서비스가 필요하므로 점심메뉴는 2식정도로 한정합니다. 고객회전을 높이기 위하여 메뉴수를 줄이는 것입니다. 만일 메뉴수를 추가하고 싶다면 미리 준비해 놓은 범위에서 추가로 2~3식을 개발할 수는 있습니다. 추가 메뉴는 매일 교체하는 것이 좋겠습니다. 또한 샐러드를 추가할 수도 있습니다. 샐러드는 충동구매가 가능한 메뉴이므로 매출 향상에 도움이 될 것입니다.

밤에는 어묵을 중심으로 4~5인분용으로 3~4식 정도의 메뉴를 개발합니다. 대형 메뉴는 개성 있게 구성할 필요가 있습니다. 어묵은 전통적으로 일본의 메뉴이지만 새롭게 현대적으로 해석하여 현대인의 기호에 맞도록 개발하는 것이 메뉴 포인트입니다.

가격은 위치조건에 따라서 차이가 있습니다. 점심에는 8천 원 ~1만5천 원, 저녁에는 2만 원~4만 원 정도.

⑥ 경영 포인트

어묵은 날씨가 추울 때 먹는 음식입니다. 겨울철과 비교하면 여름철에는 매출이 격감할 것입니다. 여름철에 매출이 격감한다고 하여 어묵전문점의 이미지에 손상이 가는 메뉴를 판매해서는 안 됩니다. 여름철에는 어묵류와 잘 어울릴 수 있는 일품요리를 개발할 필요가 있습니다.

최근 여름철에는 에어컨의 보급률이 높아서 뜨끈한 어묵국물은 이열치열의 메뉴가 아닐까요? 그래도 파트 타이머를 채용하여 여름철에는 인건비의 낭비를 막아야 합니다.

2 　꼬치구이

① 특징

꼬치구이는 술안주로 인기가 높습니다. 꼬치구이는 그 재료에 따라서 크게 3종류로 구별됩니다. 닭고기를 주제로 하는 꼬치구이, 소, 돼지의 내장을 주제로 하는 꼬치구이, 어패류, 육류, 야채를 주제로 하는 꼬치구이가 있습니다.

근래에는 여성고객의 증가와 샐러리맨의 기호에 따라서 주로 닭고기와 육류, 야채 등을 주재료로 사용하여 인기를 얻고 있습니다. 맛있고 값싼 술안주로서 꼬치구이점은 체인점을 이룰 만큼 인기를 얻고 있습니다. 그러나 굳이 체인점에 가입하지 않아도 초보자로서 개업이 가능합니다. 식재료의 가공이나, 꼬치에 끼워서 구워내는 과정은 고도의 기술을 요하는 조리방법이 아니기 때문입니다.

주요 식재료인 닭고기나 소의 내장 등은 손쉽게 비교적 싸게 구할 수 있습니다. 그렇다고 소비자 가격을 지나치게 싸게 할 필요는 없습니다. 싼 것보다는 맛있게 조리하는 것이 중요합니다. 식재료가 저가격인 만큼 마진율이 비교적 높은 편입니다.

식재료의 장점으로 꼬치구이점은 불황에도 강한 매력을 가진 장사입니다. 대중성이 강하면서 저가격으로 판매해도 마진율이 높기 때문입니다. 판매가 크게 신장되지 아니하여도 이익은 확보할 수 있다는 점이 강점입니다. 게다가 계절에 의한 판매변동율이 매우 낮다는 강점이 부각됩니다. 정말 매력 있는 초보자 장사 아이템입니다.

② 위치조건

꼬치구이점의 위치조건에는 크게 제약이 없습니다. 부적절한 위치가 매우 적은 장사입니다. 반찬용으로 판매할 수도 있고, 술 안주로 판매할 수도 있습니다. 주부를 주표적고객으로 선정할 경우에는 상점가나 아파트 단지가 있는 주택가가 적절한 장소가 될 것이며, 알코올을 중심으로 판매를 하고자 할 경우에는 샐러리맨이나 젊은층이 많은 오피스지역이나 유흥상업지역 등이 좋습니다.

꼬치구이는 심야영업에는 적절하지 않다는 것이 일반적인 견해입니다. 알코올에 만취된 고객들은 주로 얼큰하고 뜨거운 국물을 찾는 경향이 많기 때문인 것 같습니다. 일본의 경우도 꼬치구이점에서 심야영업을 하는 경우가 거의 없는 편입니다.

층별로는 1층이 우선 유리하나 2층이나 지하1층도 고려할 수 있겠습니다. 물론 1층에 비하여 판매는 격감할 것입니다. 주택가에서 Take-out(포장서비스)을 겨냥한다면 반드시 1층에 개업해야만 합니다.

아래의 도표를 참고로 근처의 경쟁점을 피하여 개업하는 것이 좋겠습니다.

※ 꼬치구이의 적절한 위치

위치조건	성공속도	비 고
사무실 밀집지역	우수	점심메뉴를 개발하여 영업
유흥상업 지역	최고	점심메뉴는 위치조건에 따라서 결정한다 알코올은 오후 5시부터 개점한다
신상업 지역	최고	오후 5시부터 개점한다. 장소에 따라서는 심야영업이 유리하기도 하다
주택가	우수	Take-out이 가능하다. 부근에 사무실이 있다면 점심메뉴 개발도 가능하다
도심 외곽지역	낮음	꼬치구이 식사메뉴를 개발해야 한다
리조트형 교외	낮음	

③ 점포 규모와 필요 자금

꼬치구이점은 주택가나 재래시장 등 주부가 많이 통행하는 길목의 1평에서도 시작할 수 있습니다. 정식을 판매하기 위해서 좌석을 마련한다면 적어도 5평 이상이어야 합니다. 그러나 8평은 되어야 주방 2.5평, 출입구 0.5평, 좌석 5평을 확보할 수 있습니다. 16~20석의 좌석을 마련해야 경영이 가능할 것입니다.

주류 판매에 치중할 경우 좌석의 회전율이 다소 떨어지므로 어느 정도 좌석이 확보되어야만 경영효율이 향상됩니다. 그렇다고 규모가 너무 크면 인건비 등의 문제가 있으므로 10평~12평이 최적의 사이즈라고 봅니다.

※ 10평 꼬치구이점의 필요한 자금내역

(단위: 천 원)

항목	내 용	예상금액	조사금액	실제금액	비 고
점 포 취득비	보증금				
	권리금				
	중개수수료				
	소계				
공사비	내장공사	5,000			
	외장공사	2,000			간판 등
	부대설비	500			
	조명설비	300			
	기타	200			
	소계	8,000			
설비비	냉난방설비	2,500			
	주방설비	2,000			중고품
	기타	500			
	소계	5,000			
집 기 비 품	식기	500			
	조리도구	500			중고품
	전화	150			공중전화 겸용
	객석	800			중고품
	기타	200			
	소계	2,150			
개 업 준비비	구인비용	—			
	광고비	—			
	개점행사	500			
	기타	1,000			
	소계	1,500			
기타	예비비	1,500			
합계		18,150			

④ 점포 레이아웃 포인트

1평이나 5평 미만의 꼬치구이점에서는 굳이 점포 레이아웃이라는 개념을 생각할 수는 없습니다. 맛있고 친절하게 서비스하는 것으로 충분합니다.

10평 정도의 꼬치구이점을 보면 한결같은 패턴입니다. 흥내내기에 많은 인테리어 비용을 투자하고 알코올을 판매합니다. 근래에는 여성고객들도 많이 보입니다. 인테리어를 적은 비용으로 단순하게 마칠 수 있으나 경쟁이 치열한 만큼 인테리어는 중요합니다.

꼬치구이점뿐만 아니라 웬만한 주점이나 맥주홀에서도 꼬치구이는 단골 메뉴인 만큼 모두 경쟁자입니다. 이제 곧 24시간 편의점에서도 판매할 시기가 올 것 같습니다. 꼬치구이를 판매하는 곳이 꼬치구이점뿐만은 아니라는 사실을 강조하고 싶습니다.

조리방법의 발달로 인하여 여성뿐만 아니라 어린이들도 즐겨 먹는 요리가 되었습니다. 남성이 표적고객이라면 레이아웃 문제는 매우 간단합니다. 여성은 매장의 분위기에 따라서 이용빈도가 달라집니다. 아무리 맛이 있어도 불편하고 매력 없는 장소에서는 여성고객을 맞이할 수가 없습니다. 여성이 리드하는 단체 고객은 어김없이 피해 갈 것입니다.

그렇다면 여성고객을 의식하는 레이아웃은 어떻게 해야 할까요? 우선 청결이 중요시 됩니다. 기름과 연기에 찌든 꼬치구이점은 항상 불결해 보이기만 합니다. 청결을 유지하기 위해서는 환기에 충분한 배려를 해야 합니다. 근본적으로 주방 시설에 각별한 주의를 기울이지 않으면 근본적으로 청결은 어렵습니다.

⑤ 메뉴 포인트

꼬치구이에 사용하는 재료는 다음과 같습니다. 닭고기를 사용할 경우 순살코기, 경단, 소, 돼지의 내장, 혀, 간, 염통…, 오징어, 어패류, 각종 야채류 등이 사용됩니다. 이런 재료를 사용하여 새롭고 신선한 메뉴를 만들어 내야 합니다.

꼬치에 재료를 끼우는 작업은 어렵습니다. 따라서 꼬치에 끼워진 재료를 구입하는 경우가 많습니다. 이 경우에는 냉동식품이 많고, 꼬치에 끼우는 재미, 작업의 맛과 고객의 입맛을 창조하는 꼬치의 매력을 느끼지 못하게 됩니다.

꼬치구이의 '장사꾼' 이라면 한 번 검토해 보아야 합니다. 장사는 주어진 범위에서 최대한의 독자성을 발휘할 줄 알아야 합니다. 꼬치에 끼워진 재료를 구입할 경우 물론 이익은 적어지게 마련입니다.

꼬치구이 이외의 메뉴도 생각해볼 수 있습니다. 고객층과 고객의 이용동기를 파악하여 고객에게 필요한 메뉴를 개발할 필요가 있습니다. 가볍게 한 잔하는 고객을 위하여 야채로 만든 간단한 안주라든가, 여성고객을 위한 접대용 요리를 개발하는 것입니다.

한편, 영업 시간대에 따른 메뉴를 연구해야 합니다. 낮시간에는 신속한 서비스가 필요합니다. 특정한 정식 등의 점심식사용 메뉴를 2~3 종류 선별하여 제공합니다.

저녁 이후에는 꼬치구이를 중심으로 한 본래의 메뉴를 대용량으로 5~6식 정도 준비합니다. 알코올로는 맥주, 소주, 청주 등을 준비하고, 약간의 음료수도 비치할 필요가 있습니다. 표적고객의 성향을 파악하여 알코올의 종류를 준비하는 것이 중요한 포인트입니다.

꼬치구이는 고급식품으로 분류하기는 다소 어렵습니다. 일반 대중음식으로서 고객의 방문빈도를 높일 수 있는 대중적인 가격이 바람직합니다. 이런 관점에서 객단가를 다음과 같이 가정해 보았습니다. 지역이나 상권 등의 가변적인 요소가 있으므로 아래의 가격은 참고자료일 뿐입니다.

※ 꼬치구이의 객단가

(원)

상 권	점심메뉴	저녁이후
오피스 지역	5,000원~8,000원	10,000원~20,000원
주택가		
유흥상업지역	7,000원~10,000원	15,000원~25,000원
신상업지역		

⑥ 경영 포인트

일반적으로 꼬치구이점은 알코올을 마시는 장소로 남성 위주로 경영하고 있는 실정입니다. 이것은 눈에 보이는 여성과 어린이 고객을 밀어내는 경영방법입니다. 대중식사로도 좋은 메뉴인 꼬치구이 전문점을 경영함에 있어서 고객층의 다양화는 절실합니다. 시장확대를 위해서 여성과 어린이 고객은 이런 관점에서 대단히 중요한 고객입니다.

다음으로는 지역밀착경영이 대단히 중요합니다. 대중성이 강한 단가의 메뉴로서 이용빈도를 높이기 위해서는 반드시 필요한 전략입니다. 상권에 거주하는 사람들에게 일상적으로 이용하게 함으로써 경영의 안전화를 기할 수 있기 때문입니다.

꼬치구이의 재료는 일반 음식메뉴보다 재료가격이 저렴하다는 것이 장점입니다. 신선한 재료를 가지고 여러 가지 다양한 메뉴를 응용하여 고객의 입맛과 흥미를 유발시키는 장점도 살려야만 합니다.

반드시 즐거움을 서비스하는 꼬치구이점
『오레다찌노 찌도리야』

✖ 샐러리맨과 젊은 여성을 위한 『오레다찌노 찌도리야』

1996년 겨울, 도모타 히로아키(30세) 씨와 하라찌 모리히사 (30세)씨는 회사를 퇴직하고 독립경영할 것을 상의하였다. 두 사람의 친구인 와타찌나리 씨도 점포운영에 참가할 것을 권유하였다. 도모타 씨와 하라찌 씨는 점포 찾기를 시작하였다. 후보지의 상권조사를 시작함과 동시에 인테리어공사를 담당할 회사를 찾기로 하였다. 창업을 결심한 지 5개월이 지난 1997년5월 35평 규모에 객석 76석을 설치하고 오픈하였다. 상호는 『오레다찌노 찌도리야』(☎ 03-3459-1230)라고 정했다.

두 사람이 정한 조건은 임대료가 가능하면 싼 곳으로 정하자는 것이었다. 위치를 정하는 조건으로 ①사람들이 많이 모이는 곳의 한 블록 뒷길 ②면적은 20평 정도에 임대료는 월 2만 엔 정도 ③ 코너 지향의 1층으로 한다. 이런 위치조건이라면 객단가가 평균 3천~4천 엔은 충분하리라 예상했다. 부동산으로부터 4곳의 후보지를 소개받은 후 상세 지도를 구입하여 1개월간 교통량, 인구 통행량, 경쟁점의 고객 수 등을 중심으로 주변조사를 마쳤다.

현재의 위치는 큰 교차로에서 2번째 이면도로에 접해 있어, 교통이 비교적 편리하며, 인근 지하철역까지 5분 거리이다. 주변에 동업종이 많이 있으나 점포의 디자인과 컨셉을 쉽게 알아볼 수 있도록 차별화를 시도했다. 우연히, 하라찌 씨가 아는 사람을 통해서 건물주와 유리한 조건으로 계약할 수 있었다.

맛은 기본이고 모든 고객으로부터 "즐거웠다"는 말을 듣기 위하여 전력 서비스하고 있다고 도모타 씨는 말한다. "2년 전부터 꼬치구이점을 하고 싶었습니다. 주점에서 아르바이트도 해보았습니다." 친구 하라찌 씨도 가라오케를 경영한 적이 있는데, 도모타 씨가 꼬치구이점을 함께 할 것을 제의했다. 도모타 씨가 잠시 아르바이트를 한 적이 있는 주점의 꼬치구이가 대단히 맛이 있었기 때문이라고 한다. "돈을 지불하고 식사를 할 때에는 당연히 맛있는 것을 먹고 싶지 않겠어요?" 이런 맛이라면 누구라도 기뻐할 것이라는 확신이 있었다.

오픈할 당시에는 6명이 홀서빙을, 7명이 주방을 담당하는 체제였다. 홀 스탭은 지역을 할당하여 서비스하였으나 효율이 좋지 않아서 회전율이 떨어지고 판매실적이 부진했다. 인건비는 지불해야 하므로 최초의 2개월은 적자투성이었다.

그런데 고객의 반응은 2종류였다. "맛있었습니다. 또 오겠습니다."와 "즐거웠습니다. 또 오겠습니다."라는 말뿐이었다. 음식점이라고 하면 맛있는 음식을 제공하는 것은 기본사항이다. 따라서

▲ 꼬치구이 메뉴

고객 모두가 "즐거웠습니다. 또 오겠습니다."라고 말하는 식당을
만들고 싶었다. 그러한 '인사'를 받기 위해서는 어떻게 해야 좋을
까? 그들은 플러스 알파 서비스를 본격적으로 개발하기로 하였
다.

우선 대책을 마련하기 위하여 상하관계를 떠나서 팀워크와 개
성을 존중하고, 전스탭이 '우리들의 매장'이라는 의식을 갖고 경
영하기로 결심하였다. 그 결과, 판매는 급성장하여 800만 엔을
달성하였다. 미국인 고객도 이점포를 그대로 미국에서 경영하면
돈벌이가 될거라고 했다. 해외진출도 해보고 싶었지만 지금은 제
2호점을 계획하고 있다.

● 창업자 도모타 씨의 한마디

▲ 꼬치구이집 직원들

실제, 꼬치구이를 판매하는 점포가 많습니다. 형태는 달라도
싸구려 포장마차부터 고급 레스토랑에 이르기까지 경쟁이 치열
합니다. 따라서 표적고객을 샐러리맨과 젊은 여성으로 정하고,
무엇을 제공할 것인가를 생각하면서 점포의 컨셉과 위치조건을
정하였습니다. 꼬치구이는 고급음식점에서도 취급하고 있지만

대중적인 음식이므로 누구라도 가벼운 마음으로 들어와서 맛있게 먹고 즐거운 마음으로 돌아갈 수 있어야 합니다.

창업비용을 절약하기 위하여 협찬사에게 유리컵, 재떨이 등을 받으면서 로고를 인쇄하여 줄 것을 부탁하였고, 알코올의 라벨도 모두 우리 상호로 바꾸었습니다.

한편, 정식으로 오픈하기 전에 '프리-오픈'을 설정하여 5일간 1500엔 캠페인을 실시하였습니다. 처음 2일은 친구 회사에 선전하여 공개하였고, 후반 3일은 일반에게 공개하였습니다.

모두 초보자들뿐이라 우왕좌왕하면서 실전을 연마하는 기분으로 초만원 인파를 접객하였습니다. 그때, 앙케이트도 실시하였는데, 많은 문제점이 튀어 나왔지만 입소문에 의한 선전효과는 만점이었습니다.

● 우리나라에 도입하려는 분들에게

꼬치구이는 경기변동에 크게 좌우되지 않는 것 같습니다. 비교적 안정적으로 보입니다. 서민적인 음식이므로 문제는 가격입니다. 가격을 낮출 수 있을 만큼 낮추는 것이 좋습니다.

다음은 품질입니다. 다른 음식도 마찬가지입니다만, 특히 닭고기의 신선도가 생명입니다. 신선도가 좋은 재료를 구매하여 당일 모두 판매하여야 합니다.

셋째는 위치조건입니다. 어디까지나 꼬치구이는 서민적인 음식이므로 누구나 가벼운 마음으로 드나들 수 있는 장소이어야 합니다. 역부근의 이면도로라도 고객들이 출입하기 쉬운 장소라면 문제가 없습니다.

3 중화스낵 주점

① 특징

중국에는 차와 함께 중화요리를 간단하게 먹을 수 있는 곳을 '인사관(飮茶館)'이라고 합니다. 일상적으로 많이 이용하는 곳이라고 합니다. 주류는 판매하지 않는다고 합니다. 영업시간도 오전부터 시작합니다. 일본에서는 술과 함께 간단한 요리를 먹을 수 있는 '이자카야(居酒屋)'가 있습니다. 우리나라에서는 일반 대중음식점에서 식사와 함께 술을 판매하고 있습니다.

간단하게 식사하면서 알코올을 즐길 수 있는 새로운 타입의 스낵 주점을 생각해 봅시다. 중화요리를 먹으면서 알코올을 즐길 수 있는 '중화스낵 주점'은 어떨까요? 중화요리는 비교적 대중화되어 있으므로 누구나 즐길 수 있는 식사입니다. 특히 중국요리의 세트메뉴는 현대인의 입맛을 충족시켜줄 수 있는 요소를 가지고 있습니다. 조금씩 다양한 요리를 즐기면서 술을 함께 마실 수 있다면 고객에겐 즐거움을 주는 한편, 객단가를 올릴 수 있는 가능성이 있어서 즐겁지 않습니까?

② 위치조건

중화요리는 대중음식으로 점심과 저녁식사용으로 인기가 좋은 편입니다. 중화요리점을 개점할 장소라면 어떠한 곳이라도 무난하지만 술을 판매하는 중화스낵 주점이라면 상권의 위치조건에 따라서 경영전략을 수정하여야 할 것입니다.

주택가라면 어린이와 함께 식사하면서 가볍게 술을 마실 수 있는 분위기를 만듭니다. 즉, 중화요리에 비중을 두어야 합니다. 유흥상업지역이라면 간단한 중화요리보다는 술에 비중을 두고 저녁시간 이후의 영업에 치중해야 할 것입니다.

※ 중화스낵 주점이 적절한 위치

위치조건	성공속도	비 고
사무실 밀집지역	보통	가능하면 전철역 부근이 좋다
유흥상업 지역	최고	
신상업 지역	최고	
주택가	우수	가능하면 전철역 부근이 좋다
도심 외곽지역	불가	
리조트형 교외	불가	

③ 점포 규모와 필요 자금

점포 규모는 최소 8평 정도 있어야 합니다. 어묵점이나 꼬치구이점과 비슷한 규모입니다. 주방 2.5평, 출입구 0.5평, 객석 5평으로 좌석은 16~20석은 확보할 수 있습니다.

필요한 자금도 어묵점이나 꼬치구이점과 마찬가지이므로 참고하기 바랍니다. 다만 중화스낵 주점은 다소 이미지 관리가 필요하므로 내장비용이나 가구비용이 높아집니다.

※ 8평 중화스낵 주점의 필요한 자금내역

(단위: 천 원)

항목	내 용	예상금액	조사금액	실제금액	비 고
점 포 취득비	보증금				
	권리금				
	중개수수료				
	소계				
공사비	내장공사	4,000			
	외장공사	1,500			간판
	부대설비	500			
	조명설비	300			
	기타	200			
	소계	6,500			
설비비	냉난방설비	2,000			
	주방설비	2,000			
	기타	500			
	소계	4,500			
집 기 비 품	식기	1,200			
	조리도구	800			중고품
	전화	150			
	객석	800			중고품
	기타	200			
	소계	3,150			
개 업 준비비	구인비용	—			
	광고비	—			
	개점행사	500			
	기타	1,000			
	소계	1,500			
기타	예비비	1,000			
합계		16,650			

④ 점포 레이아웃 포인트

중화요리점이라고 하면 천편일률적으로 중국이나 대만식을 따르는 점포 디자인입니다. 붉고, 용머리가 치솟은 모습은 한결같습니다. 중화스낵 주점이라고 하여 이런 중화풍으로 디자인해서는 안 됩니다.

치열한 경쟁이 있는 중화요리점을 이렇게 레이아웃해서는 성공할 수 없습니다. 일본 요코하마에 있는 중화요리점도 유럽풍이나 인디언 컬러풍으로 변신하여 성공하였습니다. 중화스낵 주점은, 젊은층에서부터 중장년층에 이르는 폭넓은 고객을 맞이하지 않고는 결코 성공할 수 없습니다.

카페 바와 같은 레이아웃으로 만들고, 알코올 종류도 다양하게 취급합니다. 중국술, 양주, 와인, 일본술, 소주와 맥주도 센스 있게 선별하여 판매합니다. 주방설비는 일반음식점과 다를 바 없으나 찜통이 추가로 설치됩니다.

⑤ 메뉴 포인트

최근에는 냉동식품을 많이 사용하고 있으나 경쟁점들과의 차별을 위하여 선도있는 재료사용을 권고합니다. 차별화와 개성화를 위하여 손수 만들 수 있는 메뉴를 개발하는 것이 포인트. 반드시 중화요리에만 국한할 필요도 없습니다. 표적고객을 위한 메뉴라면 개발할 것을 권고합니다. 부담없이 즐길 수 있는 메뉴라면 장사는 절반의 성공을 거둔 셈입니다.

주점은 어디까지나 알코올이 충실해야 합니다. 경우에 따라서는 칵테일도 폭넓게 개발하여 '기막힌' 상품명을 붙이는 것도 한 가지 방법입니다. 현대의 애주가들은 여러 종류의 알코올을 즐기며, 지식도 풍부합니다. 메뉴 못지않게 알코올과 칵테일에 대한 지식도 준비해야 합니다.

메뉴로는 점심시간대와 저녁까지 생각할 수 있습니다. 점심시간대에는 항상 스피드하게 서비스하여 회전율을 높이는 방법을 강구해야 합니다. 저녁시간대에는 세트메뉴를 개발하여 객단가를 높일 수 있는 방법을 연구해야 합니다. 남을 흉내내는 메뉴보다는 독창적인 메뉴를 개발하는 것이 중요한 포인트입니다.

⑥ 경영 포인트

지금까지 설명한 내용에 따르면 메뉴가 많아질 수 있습니다. 메뉴가 너무 많으면 경영효율이 떨어지게 마련입니다. 메뉴의 수를 점심시간대에는 3식이하, 저녁 이후에는 6식 정도 마련하는 것이 좋습니다.

계절에 따라서 메뉴를 바꾸고 메뉴에 계절감을 표현하는 것도 좋습니다. 일본의 주점들은 술 종류를 바꾸어 마실 때마다 술잔을 바꾸어 주는 서비스가 있습니다. 같은 술을 마셔도 몇 순배가 들어가면 새로운 술잔을 선택할 수 있는 서비스가 있습니다.

신선한 재료를 사용하게 되면 냉동재료를 사용하는 경우보다 원가율이 높게 마련입니다. 직접 요리를 만들면 더욱 그렇습니다. 원료가를 낮출 수 없다면 인건비를 낮추어야 하지 않겠습니까? 따라서 신선한 재료를 얼마나 싸게 구입하고, 인건비를 얼마나 낮출 수 있느냐가 경영 포인트입니다. 재료대와 인건비의 합계가 판매금액의 60%를 넘어서는 안 됩니다. 바람직한 범위는 55% 이하라고 생각합니다. 결국 원가율을 낮추는 것이 경영과제가 됩니다.

✠ 독창적인 맛을 즐길 수 있는 새로운 중화요리점 『사이카』

▲ 「사이카」 매장모습

표적고객을 여성으로 정하고 분위기 있는 매장을 지향한 중화요리점 『사이카』(☎ 0888-73-0684). 주방도 훤히 잘 보이는 객석. 모두가 자유로운 분위기이다.

나카마치 노무카즈(45세) 씨는 나고야와 교토의 사천요리점에서 솜씨를 연마한 후 고치시의 중화요리점의 부주방장으로 내려왔다.

그 후 주방장을 거쳐 35세가 되던 해 『사이카』를 개점했다. 『사이카』는 고치시에서 최초로 여성을 표적고객으로 오픈한 중화요리점이다. 미려한 색채로 통일된 분위기와 은은한 향이 감도는 매장은 성인여성이 우아하게 식사를 즐길 수 있는 최적의 분위기이다.

"가정에 있는 경우가 많은 여성에게 즐겁게 식사를 제공하고 싶어서『사이카』를 개하였습니다." 나카마치 씨의 예상은 적중했다. 지금까지 기름투성이의 중화요리를 벗어나 건강지향적인 헬씨푸두가 사이카의 특징이다. 400엔짜리 소요리부터 15,000엔의 전복요리에 이르기까지 100 종류 이상의 메뉴를 만들고 있다.

"그렇지만 특정한 품목이라도 계절에 따라서 지방 특산물의 특징에 따라서 가감하여 만들어 내므로 항상 새롭고 다채로운 메뉴를 서비스할 수 있습니다." 나카마치 씨는 항상 새로운 메뉴를 연구하고 있다. 자유롭게 요리를 창작해낼 수 있는 것이 사이카의 힘이라고 한다. 먹는 요리 이외에도 30여 종류의 차와 술을 비치하고 있어 고객의 다양한 입맛을 돋우고 있다.

지금도 나카마치 씨는 주방에서부터 객석까지 분주하게 다니고 있다. "고객의 표정을 보면 '맛있다' 라든가 '맛이 없다' 라는 표정을 읽을 수 있습니다. 또는 양이 '조금더 많았으면 좋겠다' 든

▲ 「사이카」의 중화요리 메뉴

가, '분위기를 즐기고 싶다' 든가 라는 여러 가지 정보를 얻을 수 있습니다."

고객맞이 인사나, 요리설명을 하면서 고객을 맞이하는 나카마치 씨는 무엇인가 새로운 것을 발견하려고 노력하고 있다. 항상 고객을 염두에 두고 요리나 기타 서비스를 개발하지 않으면 안 된다는 나카마치 씨. 이것이 사이카의 비결이라고 한다.

● 나카마치 씨의 한마디

독창적인 신중화요리점으로서 다음과 같은 3요소가 번창하는 계기가 되었다고 생각합니다.

첫째, 종래의 일반적인 중화요리를 사양하고 표적고객을 위한 메뉴를 개발한 것.

둘째, 충분한 작업공간과 고객이 부담 없이 커뮤니케이션할 수 있는 매장 레이아웃.

셋째, 중국이나 대만을 방문하여 본고장 맛을 유연하게 도입한 점.

● 우리나라에 도입하려는 분들에게

젊은 남녀들이 간단하게 중화요리를 즐기면서 가볍게 술을 마실 수 있는 새로운 업태를 구상해 볼 수 있습니다. 해산물을 많이 사용하는 중화요리를 중심으로 신세대 고객의 입맛에 맞추어 개발하여야 합니다.

다른 중화요리점에서는 맛볼 수 없는 요리를 연구하고, 비교적 저렴하게 개발하여야 합니다.

매장의 분위기는 신세대 취향으로 하되 설비비 등을 최소화할 수 있는 방법을 연구하여 고객에게 환원해야 합니다.

4 패스트 우동점

① 특징

여기에서는 소자본으로 경영할 수 있는 업태를 소개합니다. 우동과 메밀국수 따위를 서서 먹을 수 있는 우동점은 특수성이 매우 강하며 성공률이 높습니다.

과거에는 기차역의 플랫폼에서 먹을 수 있었습니다. 지금은 일식우동점에서 판매하고 있으나 매우 비싼 편입니다. 이런 점은 우동의 나라 일본의 맛과 가격면을 비교조차 할 수 없습니다.

본래 우동은 밥을 먹을 때 국물 있는 음식으로 사용하고 있습니다. 밥공기가 없으면 주먹밥과 같이 먹는 것이 일본의 습관입니다. 일본에서는 우동과 함께 삶은 계란, 주먹밥 등을 판매하여 패스트 푸드점화 되고 있습니다.

우리나라에서도 우동에는 반드시 튀김, 삶은 계란, 유부 등이 사용되고 있습니다. 한정된 재료를 사용하여 5분 이내라는 빠른

▲ 우동 메뉴

서비스가 가능합니다. 패스트푸드점의 이용고객층도 여성들이 많은 비중을 차지하고 있다는 점을 감안할 때 우동전문점의 장래는 매우 희망적입니다.

② 위치조건

우선, 통행인구가 많아야 합니다. 패스트푸드점은 위치조건에 따라서

판매가 결정되므로 대단히 중요한 문제입니다. '빨리 주세요' 라고 외치는 고객이 많을수록 판매가 신장되는 것이 패스트 우동점의 특징인 만큼 바쁜 고객은 판매와 깊은 관련성이 있습니다. 전

철(철도)역 주통로를 쉽게 확보하기는 어렵겠지만 이곳에 5평을 확보한다면 절반은 성공한 셈입니다.

다음 위치로는 상업유흥지역이나 오피스 타운의 중심부가 좋습니다. 아침, 점심, 저녁, 그리고 심야까지 영업할 수 있는 위치라면 이상적인 위치입니다. 패스트 우동은 저가격으로 판매한다고 해도 회전율이 좋다면 수익성면에서도 걱정할 필요가 없습니다.

패스트 우동점을 할 수 있는 최적지는 의외로 눈에 많이 뜨입니다. 경우에 따라서는 다른 음식점이나 24시간 편의점 안에 5평 공간을 임대하는 방법도 가능할 것입니다.

※ 패스트 우동점이 적절한 위치

위치조건	성공속도	비　　　　고
사무실 밀집지역	보통	출근 전, 점심, 저녁시간대 영업
유흥상업 지역	최고	11시부터 심야까지 영업
신상업 지역	최고	
주택가	부적절	
도심 외곽지역	보통	차량통행이 많아야 한다
리조트형 교외	보통	11시부터 심야까지 영업

③ 점포 규모와 필요 자금

매장의 레이아웃에 따라서 점포 규모가 달라집니다. 입식형태라면 5평이면 충분하지만 여성과 어린이 고객을 감안한다면 10평이 필요합니다. 사무실 밀집지역에서 샐러리맨들의 점심을 겨냥할 경우에도 점포가 너무 좁으면 판매금액이 올라가지 않을 수도 있습니다. 필요한 자금은 다른 음식점과 비교할 때 그리 높은 편이 아닙니다. 5평 정도라면 점포임대료를 제외하고 ○○○만원정도 필요합니다.

※ 5평 패스트 우동점의 필요한 자금내역

항목	내 용	예상금액	조사금액	실제금액	비 고
점 포 취득비	보증금				
	권리금				
	중개수수료				
	소계				
공사비	내장공사	1,000			
	외장공사	500			간판
	부대설비	200			
	조명설비	500			
	기타	200			
	소계	2,400			
설비비	냉난방설비	600			
	주방설비	600			중고품
	기타	200			
	소계	1,400			
집 기 비 품	식기	500			
	조리도구				중고품
	전화	150			
	객석	200			중고품
	기타	500			
	소계	1,350			
개 업 준비비	구인비용	—			
	광고비	—			
	개점행사	500			
	기타	500			
	소계	1,000			
기타	예비비	1,000			
합계		7,150			

④ 점포 레이아웃 포인트

우동이나 메밀국수를 판매하는 점포에 레이아웃이란 말이 '무슨 사치'냐고 할지도 모릅니다. 하지만 롯데리아, KFC 등을 보십시오. 항상 고객이 많이 있습니다. 여성과 어린이들, 그 사이에 남성들이 보입니다. 남녀노소가 항상 끊이지 않는 곳입니다. 젊은 여성과 어린이는 우동과 메밀국수가 싫어서 피할까요?

패스트 우동점의 내장공사에는 많은 비용이 들어가지 않도록 주의해야 합니다. 편리와 청결에 각별하게 신경을 쓰면 충분합니다. KFC나 롯데리아의 분위기를 살펴보고 연구해보기 바랍니다.

좌석은 입석을 기본으로 합니다만 상권의 특성에 따라서 변형이 필요합니다. 여성과 어린이가 많다면 의자가 딸린 자그마한 테이블을 비치해야 할 것입니다. 경우에 따라서 절반은 좌석을 배치하고 절반은 입석으로 해도 좋을 듯 싶습니다.

⑤ 메뉴 포인트

우동과 메밀국수는 단조로운 메뉴라고 생각할지 모르겠습니다만 토핑 재료에 따라서 다양한 메뉴를 구성할 수 있습니다. 모듬튀김, 달걀, 다시마, 튀김부스러기, 유부, 산채나물 등을 넣은 다양한 종류의 우동과 메밀국수가 있습니다만 건강식품에 사용되는 재료를 활용하여 개성 있는 메뉴를 개발하는 것이 중요합니다. 가능하면 직접 재료를 가공하여 만드는 것이 좋습니다. 맛있고 다른 경쟁자와의 차별화가 가능하다면 메뉴는 성공적입니다.

공장에서 만든 제품보다 여러분의 정성과 선별된 재료로 직접 만든다면 저가격에 보다 맛있는 우동과 메밀국수를 제공할 수 있을 것입니다. 고객들이 맛없는 음식을 싸게 사먹는 것보다는 값싸고 맛있게 먹을 수 있는 것이 중요합니다.

일본에서는 최근에 카레우동이나 정식화된 세트메뉴가 유행하고 있습니다. 우리의 실정을 감안해도 식사화 경향이 있으므로 세트메뉴는 필요하다고 판단됩니다. 세트메뉴를 개발할 경우에는 재료와 작업시간의 낭비가 없도록 주의해야 합니다. 또한 계절에 따라서 메뉴를 교체하는 것도 필요합니다. 점심시간에 이와 같은 세트메뉴를 공급할 경우에는 한정수량 판매를 염두에 두어야 합니다.

⑥ 경영 포인트

우동이나 메밀국수의 단가가 낮아야 일반 대중에게 인기가 있습니다. 동시에 맛도 있어야 합니다. 그러자면 원가비중이 높아지므로 대량판매에 의하여 수익성을 찾아야 합니다. 고객을 많이 확보해야 하며, 영업시간을 연장할 수밖에 없습니다. 아침 일찍부터 심야까지, 경우에 따라서는 24시간 영업체제를 갖추어야 합니다. 상권의 특성에 따라서 심야에 강한 곳이 있으며, 점심시간대가 강한 곳도 있습니다. 위치조건에 따라서 영업시간을 설정할 필요가 있습니다.

✠ '기쓰네 우동'의 원조『마쓰바야』

1. 일본 우동 백과

날씨가 쌀쌀해지면 따끈한 우동국물을 생각하게 됩니다. 물론 우동은 일본의 대표적인 음식입니다. 일본에 있는 많은 우동 종류들 가운데 대표적인 우동 원조를 집중 분석해봅니다. 일본에서 우동은 우리의 '국'에 해당한다고 합니다. 우리나라의 일식우동점에서 판매하고 있는 기쓰네 우동의 원조를 찾아보았습니다.

2. 특징

유부초밥에서 힌트를 얻어 개발한 우동이 기쓰네 우동입니다. 부드럽고 쫄깃쫄깃한 면과 엷게 우려낸 국물과 달콤한 유부가 잘 조화된 우동맛이 특징입니다. 기쓰네 우동의 원조인『마쓰바야』(☎ 06-6251-3339)는 107년 전통을 그대로 간직하고 있는 우동전문점입니다.

오사카시에 있는 마쓰바야의 점장은 86세의 우사미 다쓰가즈 씨. 가족경영으로 인건비의 비중을 낮추고, 오전 11시부터 오후 8시까지 영업하고 있습니다. 우사미 다쓰가즈 씨는, 한국에서 기쓰네 우동을 배우기 위하여 마쓰바야를 찾아오는 분이 있다면 매우 친절하게 전수해 주겠다고 약속하였습니다. 그는 고령임에도 불구하고 지금도 오전 7시부터 우동을 직접 반죽하고 있습니다.

3. 일본 창업현장 코멘트

1893년 우사미 요타로 씨가 독립하여 마쓰바야를 창업하고, 유부초밥에서 힌트를 얻어 개발한 우동이 기쓰네 우동이라고 합니다. 새로운 우동을 만들려고 유부, 생선살 튀김 등을 대나무 가구에 넣어 국물맛을 내었습니다. 그렇지만 고객들은 우동에 유부를 올려놓고 먹기를 더욱 좋아했습니다. 이렇게 하여 시작된 것입니다.

오사카 상인으로 장사터가 굳어진 오사카에는 매일 장이 열렸습니다. 멀리 홋카이도로부터 전국 각지에서 해산물, 밀가루, 소금에 이르기까지 품질 좋은 재료가 쏟아져 들어왔습니다. 오사카 우동은 이런 재료를 사용해서 만들어졌습니다. 오사카의 가정에서는 우동을 만들어 먹을 줄 모른다고 합니다. 옛날부터 우동은 가게에서 사 먹는 습관이 생겼기 때문이라고 합니다.

오사카 우동은 부드럽고 쫄깃쫄깃한 면이 특징입니다. 엷게 우려낸 국물과 달콤한 유부가 잘 조화되어 국물맛도 우리의 입맛에 잘 맞을 것 같습니다.

오사카 우동은 수타우동이 아니라 '손반죽 우동'이라는 표현이 어울립니다. 소량의 밀가루 반죽을 부드럽게 반죽하면 독특한 오사카 우동의 면발이 생성됩니다.

4. 비법전수

마쓰바야에서는 100년 전부터 한결같이 일본 구마모토산 밀가루만 사용한다고 합니다. 윤기 있는 면을 만들기 위해서는 소금, 달걀, 미링, 일본술(정종)을 넣어 반죽합니다. 소금물을 고운 채로 걸러서 넣으면 부드러운 맛을 낼 수 있습니다.

공기를 많이 포함시킬 수 있도록 반죽한 후 여름에는 1시간 반, 겨울에는 3시간 재웁니다. 유부, 생선살 튀김을 대나무 가구에 넣어 국물을 우려냅니다. 이때 사용하는 생선은 신선한 홋카이도 산만 사용하고 있습니다.

정월의 명절음식으로 먹었던 오다마끼무시. 지금은 주문 판매하고 있습니다. 한 그릇에 1,050엔이며, 지금도 마스바야만의 일품요리입니다. 마쓰바야의 명품요리는 다이챠우동입니다. 혹카이도산 다시마를 깔고 도미와 가는 우동을 놓습니다. 겨울에는 뜨거운 국물을, 여름에는 차가운 국물을 사용하고, 가격은 시가에 따르며 주문예약제입니다.

● 우리나라에 도입하려는 분들에게

일본 우동의 종류는 대단히 많습니다. 그리고 계속하여 새로운 우동이 개발되고 있습니다. 기쓰네우동, 싯뽀쿠우동, 산기우동, 이세우동, 사누키우동, 기시멘 등 열거하기조차 힘듭니다. 이런 원조 우동을 흉내내기보다는 우리의 입맛을 찾을 수 있는 개성파 우동을 개발하는 것이 포인트.

① 면을 만드는 법
면은 매일 아침 직접 만든다. 국산 밀가루를 사용한다면 더욱 좋겠다.
사용하는 물은 이온활성탄정수기를 사용하여 약알카리수를 만들어 사용한다.
밀가루 반죽은 소량씩 하는 것이 중요한 포인트.

② 다음은 우동국물을 우려내는 방법이다. 예를 들면 다음과 같다.
카레우동 만드는 법 : 카레분과 전분을 물에 용해시킨다. 육수와 고기와 파를 살짝 데쳐 넣은 후 카레를 넣고 푹 삶는다.

겐칭우동 만드는 법 : 7종류의 야채두부를 듬뿍 넣고, 백된장과 참기름의 향이 어우러지는 우동. 풍부한 맛과 볼륨감이 만점이다.

① 특징

칼국수를 인스턴트식품으로 개발한 회사들이 있었지만 모두 실패하고 말았습니다. 소비자들이 가격보다는 맛에 대한 열정이 있기 때문인 것 같습니다. 칼국수는 어린이부터 시작하여 남녀노소가 즐겨먹는 식사이기도 합니다.

일본도 이와 비슷하게 남녀노소가 즐겨먹는 식사가 있습니다. 라면입니다. 인스턴트라면도 발달되어 있지만 직접 조리해주는 생라면의 인기는 과연 '국민식사(國民食事)'라고 여겨질 정도입니다. TV 등의 단골메뉴로 등장하기도 하며, 고도의 기술을 가진 조리장은 인기가 그야말로 '캡'입니다. 시청율은 TV의 인기 드라마보다 훨씬 높습니다. 젊은 남성들이 개업하여 성공하는 경우도 많습니다.

우리의 음식문화 중에서 어떤 음식도 칼국수의 대중성을 감히 흉내낼 수 없다고 생각합니다. 고객에게 특별한 선전을 하지 않아도 고객이 스스로 알고 이용하는 메뉴입니다. 이점이 칼국수점 경영의 최대 장점입니다.

칼국수는 고도의 기술이 필요 없다고도 할 수 있습니다. 칼국수의 포인트는 맛입니다. 면과 스프. 이것을 가지고 있다면 초보자도 간단하게 조리할 수 있습니다. 게다가 메뉴도 매우 단조롭습니다. 단 하나의 메뉴로도 승부가 가능하기 때문입니다.

또한 소규모점으로 유리하게 경영할 수 있으며, 적은 인원으로도 많은 사람의 식사를 만들 수 있습니다. 식사용으로도 간식대용으로도 폭넓게 애용되는 칼국수이므로 영업 시간대의 운용이 비교적 효율적입니다. 경영효율이 매우 높은 업종입니다.

② 위치조건

칼국수점의 위치조건에는 제한이 없습니다. 심지어 산속에 숨어 있는 곳까지 별미여행으로 찾아가는 현실이 아닙니까? 이 경우에는 물론 칼국수의 특징이 두드러져야 합니다. 어떠한 성격의 위치라도 가능하다는 것이 장점 중의 장점입니다. 마이카 시대가 결합된 탓이기도 합니다.

주택가와 같이 통행객이 적으면 주차공간을 크게 확보할 수도 있으며, 배달도 생각해 볼 수 있습니다. 문제는 차별화된 맛과 개성미일 것입니다.

※ 때스트 칼국수점의 적절한 위치

위치조건	성공속도	비 고
사무실 밀집지역	우수	토요일은 12시부터 영업 일요일과 경축일은 휴무
유흥상업 지역	최고	11시부터 심야까지 영업
신상업 지역		
주택가		
도심 외곽지역		
리조트형 교외		

③ 점포 규모와 필요 자금

칼국수점은 주방설비도 간단합니다. 매장이 크다고 유리한 것은 아닙니다. 매장이 크면 오히려 수익성이 나빠지기 때문입니다. 자금이 부족하면 5평에서부터도 충분합니다. 20평 이상되는 칼국수점도 있으나 평균 10평 내외가 가장 이상적인 규모라고 할 수 있습니다.

※ 10평 패스트 칼국수점의 필요한 자금내역

(단위: 천 원)

항목	내 용	예상금액	조사금액	실제금액	비 고
점 포 취득비	보증금				
	권리금				
	중개수수료				
	소계				
공사비	내장공사	3,000			
	외장공사	1,000			간판
	부대설비	500			
	조명설비	200			
	기타	100			
	소계	4,800			
설비비	냉난방설비	2,000			
	주방설비	1,000			중고품
	기타	500			
	소계	3,500			
집 기 비 품	식기	800			
	조리도구				중고품
	전화	150			
	객석	600			중고품
	기타	500			
	소계	2,050			
개 업 준비비	구인비용	—			
	광고비	—			
	개점행사	500			
	기타	500			
	소계	1,000			
기타	예비비	1,000			
합계		12,350			

④ 점포 레이아웃 포인트

칼국수점은 소규모라도 효율적인 경영이 가능하다고 언급한 바 있습니다. 점포 만들기에서도 이런 점을 최대한 활용하여 심플하면서도 특색 있게 레이아웃을 할 수 있습니다.

소규모점은 물론 10평 정도의 칼국수점에서는 급식 카운터를 중심으로 좌석을 배열하는 것이 동선을 줄일 수 있는 포인트입니다. 급식 카운터와 좌석 간의 거리가 멀리 떨어져 있으면 뜨거운 칼국수를 나르는 데 따르는 위험이 있으며 동선이 길어지게 되어 회전율이 나빠지게 됩니다. 인건비를 감안하여 인적효율성을 높이지 않으면 채산성이 나빠지게 됩니다.

효율성이 높은 레이아웃은 물론 청결하고 밝은 분위기를 만들어야 합니다. 현대의 쇼핑은 여성이 주요 고객인 만큼 여성지향적이어야 성공할 수 있습니다. 여성이 기피하는 장사치고 성공하는 장사가 없다고 합니다.

지금까지도 일반 칼국수점은 맛과 가격에서 경쟁력이 있었다면 별다른 문제없이 번창한 것 또한 사실입니다. 그러나 음식점간의 경쟁까지 치열해지면서 상황은 크게 달라지고 있습니다. 점포 환경의 풍요로움과 가치관을 찾는 시대가 되었습니다. 개성이 없는 점포는 번창하지 못하게 될 것입니다. 테마가 흐르고 있는 점포, 이것이 여성이 바라는 꿈의 점포가 아니겠습니까? 이것이 점포 만들기의 목표입니다.

⑤ 메뉴 포인트

칼국수의 맛을 어떻게 만들어내느냐가 기본 포인트입니다. 육수로 만들것인가? 조개로 만들 것인가? 아니면…. 이 맛이 바로 고객을 유인하는 결정적인 포인트가 되는 것입니다.

면, 스프, 그리고 토핑 재료에 의하여 맛을 결정하는 재료를 면밀하게 조사하여 일정한 비율로 배합하는 노하우가 필요합니다. 지역적인 특색에 따라서 맛의 차이가 있을 수 있습니다. 일본에서는 홋카이도 지방의 특산품인 '된장라면'을 인스턴트화한 유명한 비화가 있습니다. 이 식품회사팀이 현장까지 찾아갔습니다. 주문한 된장 라면이 도착하자마자 한사람은 재빨리 준비한 특수 봉투에 라면 한 그릇을 몽땅 쏟아붓고 동료들의 라면을 덜어서 자기 그릇에 채운 후 함께 식사를 마쳤습니다. 그 후 즉시 비행기로 귀사하여 된장라면을 분석하였습니다. 그 해 된장라면은 인스턴트 식품임에도 불구하고 빅 히트 상품이 되었습니다.

칼국수의 개성화뿐만 아니라 식기와 서비스 방법에 있어서도 차별화된 방법을 연구해야 합니다. 소비자들이 식상하지 않는 종합서비스 메뉴를 부단히 개발하여야 경쟁자의 추격을 뿌리칠 수 있습니다.

⑥ 경영 포인트

칼국수는 누구나 쉽게 먹을 수 있는 메뉴로서 개점하면 많은 고객들이 찾아옵니다. 그러나 계속해서 오랜 기간 방문할지는 미지수입니다. 우선 칼국수 맛이 좋아야 하는 것은 당연하며, 점포의 청결감, 좋은 분위기, 고객맞이 서비스가 항상 균형 있게 유지되어야 합니다. 맛은 있으나 불결한 환경이라든가, 불친절하다든가 하면 고객은 점포를 멀리하게 됩니다.

또한, 꾸준히 고객의 입맛에 맞는 칼국수를 개발하는 것, 이것이 최상의 포인트입니다.

✠ 매월 9천 만원 정도의 판매고를 올리는 라면점 『라스다』

▲ 라면점 『라스다』 입구

라스다 매장에는 벽면에 커다란 액자가 있다. 여기에는 '라스다 라면'의 탄생 배경과 점포주인의 경영의지가 적혀 있는데, 이는 고객과의 신뢰를 쌓는 첫번째 이정표 역할을 맡고 있다. 매월 8천만 원 이상을 판매하는 라면점 『라스다』는 바로 여기에서부터 시작된다. 『라스다』는 라면의 '라'와 스즈키 다케야의 이니셜을 따서 지은 이름이라고 한다.

라면 한 그릇에 6,000원, 맥주는 3,500원, 달걀은 500원 등 500원부터 7,000원짜리 음식을 판매하여 월 8천만 원 이상을 달성하는 라면점 『라스다』(☎ 03-565-1608). 18평 점포에 좌석이라곤 불과 19석을 갖춘 『라스다』에는 일반 라면점과 달리 매일 450여 명의 고객이 찾아온다. 영업시간은 오후 5시부터 다음날 오전 1시까지 불과 8시간이므로 1분마다 1명의 고객이 들어오는 셈이다.

스즈키 씨는 고교 2년생 시절부터 언젠가 자신의 점포를 경영하고 싶었다. 친척으로부터 먹는 장사가 제일이라는 말을 듣고 호텔 주방에서 아르바이트를 시작하였다. 프랑스식당과 이탈리안 식당에서 3년 반을 일하면서 철판구이를 담당하였다. 이때부터 라면에 관심을 가지고 연구하기 시작하면서 호텔을 퇴직하였다.

▲ 라면점 「라스다」 주방

 라면을 좋아하지 않았던 스즈키 다케야(32세) 씨는 밀가루와 물로 만들어지는 면이 라면으로 조리되어 신비로운 맛을 내는 음식이 된다는 경이로움에 라면을 즐기기 위하여 많은 라면전문점을 찾아다녔다.

 같은 크기에 같은 좌석을 가지고도 잘 팔리는 점포가 있는가 하면 그렇지 못한 점포도 있었다. 판매 금액이 무려 10배의 차이가 난다는 사실에 무척 놀랐다고 한다. 보통 2~3배 정도 차이야 날 수 있다고 하지만 그것도 매우 큰 차이라고 생각하였는데, 음식의 세계에는 이렇게 큰 비밀이 숨어 있다는 걸 알게 된 것이다.

 스즈키 씨는 라면에 대한 연구를 하기 시작하였다. 라면점에서 아르바이트도 했다. 불과 6일동안 그릇닦기를 하였으나 어깨 너머로 스프 만드는 법과 고객맞이하는 법 등을 눈여겨 보았다. 그리고 매일 밤 스프만드는 법을 시험해 보았다.

각종 재료 구입처를 조사하였다. 그리고 자기가 좋아하는 상품(라면)을 찾는 고객그룹은 점포의 위치조건에 영향을 받지 않는다는 것을 알게 되었다.

도서관을 다니면서 국세(國勢)조사 등의 자료를 통하여 인구, 연령별, 소득별, 직업별 등의 자료를 조사하여 학생과 혼자 사는 샐러리맨이 많이 거주하는 지역을 표적으로 정했다.

한편, 매일 부동산 중개소 방문하기를 4개월이 걸렸다. 특히 지역밀착도가 큰 유력업소에 주목하였다.

"음식업자라면 노력과 시간을 들여서라도 맛있는 음식을 만들어야 한다고 생각합니다." 처음부터 직접 만든다면 다른 라면점과 차별화된 맛을 낼 수 있다고 생각한 스즈키 씨의 생각은 적중했다.

지금 일본에서 판매되는 라면스프의 90%는 레토르트 스프를 사용하고 있다고 한다. 그렇지만 번창하고 있는 곳에서는 처음부터 끝까지 직접 만들어낸 스프를 사용하고 있으며, 보다 맛있는 스프를 개발하기 위하여 항상 연구하고 있다.

"우리도 조금씩 조금씩 맛이 향상되고 있어요. 고객들은 잘 모르고 있을지 모르겠습니다만…." 맛이 있을까, 고객의 입맛에 맞을까?를 고민하는 것도 성공의 비결이라고 생각한다는 스즈키 씨는 라면점을 처음 시작하는 사람들에게 조언을 아끼지 않았다.

스즈키 씨는 학생시절부터 창업독립을 위하여 예금을 하고 있었기 때문에 금융기관으로부터 과거 실적을 인정받아 쉽게 대출을 받을 수 있었다. 그 대출금은 단 10개월만에 갚을 수 있었다.

※ 창업자금과 경영분석

구 분		금 액(엔)	
개 업 일 시			1997년 5월
창업 자금	자기자금	8000만	
	차입자금	1,500만	금융기관 융자
자금 내역	보증금	800만	
	설비	820만	
	인테리어	440만	
	비품, 집기	150만	
	재료대	400만	
	광고비	60만	
	운전자금		
수입 지출	5월판매금액	900만	
	임대료	25만	
	재료대	250만	
	인건비	100만	
	기타	100만	
	경상이익	450만	점주 인건비 포함

● 스즈키 씨의 한마디

스즈키 씨가 라면점을 개업하게 된 이유는 다음과 같습니다.

첫째, 조리경험이 많지 않아도 가능합니다.

둘째, 원가율이 매우 낮습니다.

셋째, 점포의 위치조건에 크게 구애받지 않습니다.

넷째, 인테리어 비용이 비교적 적게 듭니다.

다섯째, 음식창업 초보자가 가장 하기 쉬운 업종입니다.

누구나 쉽게 시작하는 라면점이므로 경쟁이 치열해지는 경우가 많습니다. 여기에서 살아 남는 길은 오직 상품력, 즉 '맛' 뿐입니다. 맛을 추구하기 위한 각오와 노력 이외에는 다른 길이 없습니다. 면을 선별할 때에도 자신이 제조하는 스프와 잘 어울리는지, 또는 자신이 요구하는 대로 면을 만들어 줄 수 있는지를 체크하고 선정하였습니다. 밀가루와 달걀의 배합비율을 주문하기 위하여 가급적 중견기업을 선정하였고, 30~40개의 샘플을 사용하면서 결정한 것입니다. '라스다 오리지널 면'은 이렇게 탄생되었습니다.

금융기관에 제시하는 사업계획서는 어디까지나 대출용이므로 이것을 청사진으로 해

▲ 라면점 「라스다」 주인

서는 살아남을 수 없습니다. 사업계획서의 숫자를 따르기 위해서 이것저것 따라보아야 차이만 크게 생겨날 뿐입니다. 블특정 다수를 상대로 영업을 하다보면 뜻대로 이루어지지 않음을 알 수 있다.

스즈키 씨는 경쟁자의 출현을 막기 위하여 부동산은 물론 재료공급업체, 인테리어 등『라스다』와 관련한 것은 모두 동일한 상권에서 선별하여 계약하였습니다.

● 우리나라에 도입하려는 분들에게

특별한 기술이 필요 없고, 위치조건에 구애받지 않고, 인테리어 비용도 많지 않고…. 초보자도 쉽게 시작할 수 있는 소자본 창업으로서 라면점은 인기가 매우 높습니다. 따라서 일본에서는 라면점들의 격전이 벌어지고 있습니다.

라면은 지방색을 나타내면서 주목을 받기 시작했습니다. 점명이나 메뉴를 독특하게 만들어 오리지널화 또는 브랜드화하는 전략 만들기가 한창입니다. 독특해야 고객들의 기억 속에 남을 수있으며, '입소문'으로 광고될 수 있습니다.

일본에서 라면점은 비교적 큰 규모가 많습니다. 보통 15평 전후가 많습니다. 원가율이 비교적 낮은 편이지만 심야영업을 하게되면 인건비가 가중됩니다. 심야영업을 하는 경우에는 사이드 메뉴를 개발하여 객단가를 향상시키는 전략이 필요합니다.

지금까지의 내용 중에서 라면을 칼국수나 김밥으로 바꾸어 볼수 있습니다. 우리나라의 칼국수는 일본의 라면만큼 보편화된음식이며, 스프의 내용에 따라서 다양한 맛을 즐길 수 있습니다.

6 카레 하우스

① 특징

카레라이스는 남녀노소가 즐겨 먹을 수 있는 음식이지만 우리나라에서는 주로 어린이나 젊은 여성들이 즐기는 정도입니다. 여성들이 즐기는 메뉴라면 반드시 남성을 유인할 수 있다고 생각합니다. 어릴 때 즐기던 메뉴이며 누구라도 잘 알고 있는 카레 요리를 저렴한 가격으로 대고객서비스를 실행한다면 비교적 단시간 내에 활기를 찾을 수 있습니다.

카레라이스는 조리 기술에 특별한 노하우가 있는 요리가 아니므로 초보자도 쉽게 조리할 수 있습니다. 또한 카레 소스는 반가공된 업무용 베이스가 시판되고 있으므로 사용하기 쉽습니다. 필요하다면 추가로 가공할 수도 있습니다. 이런 과정을 정확하게 매뉴얼화하여 항상 같은 맛을 낼 수 있어야 합니다. 초보자도 매뉴얼에 따라서 간단하게 조리할 수 있으므로 인건비면에서 강점을 살릴 수 있습니다.

우리나라 사람들의 급한 성격 때문에 모든 음식은 빨리 제공해야 합니다. 카레 요리도 이와 같은 점에서 매우 신속하게 서비스할 수 있는 장점을 가지고 있습니다.

② 위치조건

카레라이스는 식사용으로도 간식대용으로도 사용됩니다. 남녀노소 가릴 것 없이 모두 좋아합니다. 그러나 현재 시점에서 본다면 젊은 여성층의 고객이 두터우므로 그들이 많이 모이는 유흥상업지역, 버스나 철도 터미널 등이 유리한 위치가 되겠습니다.

주택가는 적절하지 않습니다. 어린이가 좋아한다고 하여도 가정에서 이용하는 횟수가 적기 때문입니다. 그러나 독신자가 많은 곳이나 중고교생이 많은 아파트 상가에는 다소 찬스가 있습니다.

사무실 밀집지역도 점심 이외에는 별다른 판매를 기대하기 어렵습니다. 영업일수도 짧기 때문에 가능하면 피하는 것이 좋겠습니다. 도심의 외곽타운이나 산업도로변에서는 주차장 확보가 가능하다면 시도해봄 직합니다.

주택가나 오피스를 배후에 안고 있는 상권에서는 가능하다면 Take-out(포장서비스)도 병행할 필요가 있습니다.

대형 상점가에서는 지하 1층이나 2층도 가능합니다만 기타 지역에서는 반드시 1층을 권장합니다.

※ 카레전문점의 적절한 위치

위치조건	성공속도	비 고
사무실 밀집지역	불리	투자비용을 감안할 때 불리하다
유흥상업 지역	최고	저녁부터는 세트메뉴로 객단가를 올린다
신상업 지역	우수	심야영업도 가능하다
주택가	보통	여성 독신자가 많은 곳이 유리하다
도심 외곽지역	보통	불리하지만 고급형은 가능하다
리조트형 교외	보통	식사이용률이 높으므로 세트메뉴화한다

③ 점포규모와 필요자금

미니점포라도 영업은 가능합니다. 5평 정도라면, 주방 1.5평, 출입구 0.5평, 객석 8~10석 정도 확보가 가능합니다.

카레하우스는 고객의 체재시간이 매우 짧기 때문에 빠르게 회전이 가능합니다. 따라서 좌석이 많지 않아도 판매금액은 높아질 수 있습니다.

한편, 카레하우스는 여성지향형 점포이므로 5평 점포라고 해도 의외로 많은 자금이 투자됩니다.

※ 5평 카레하우스의 필요한 자금내역

(단위: 천 원)

항목	내 용	예상금액	조사금액	실제금액	비 고
점 포 취득비	보증금				
	권리금				
	중개수수료				
	소계				
공사비	내장공사	3,000			
	외장공사	1,000			간판
	부대설비	400			
	조명설비	300			
	기타	150			
	소계	4,850			
설비비	냉난방설비	600			
	주방설비	800			중고품
	기타	200			
	소계	1,600			
집 기 비 품	식기	500			
	조리도구				중고품
	전화	150			
	객석	300			중고품
	기타	300			
	소계	1,250			
개 업 준비비	구인비용	500			
	광고비	200			
	개점행사	700			
	기타	1,000			
	소계	9,400			
기타	예비비				
합계					

④ 점포 레이아웃 포인트

카레하우스는 객석을 어떻게 배치하느냐가 중요한 포인트입니다. 오픈형으로 할 것인가, 박스형으로 할 것인가, 또는 병용형으로 할 것인가를 결정해야 합니다. 이것은 경영효율과 직결되는 문제인 만큼 대단히 중요합니다.

5평형 소규모 점포라면 오픈형으로 하는 것이 유리합니다. 박스형은 서비스가 다소 지연되며, 인건비면에서도 불리합니다. 가족석이나 단체 고객을 위한 박스형도 필요하며 카운터를 중심으로 레이아웃을 해야 합니다.

일반 주방설비와는 달리 카레소스용 보온통과 전자렌지가 추가됩니다.

⑤ 메뉴 포인트

앞에서 언급한 바 있습니다만 카레는 누구나 좋아하는 메뉴임에는 틀림없습니다. 전자레인지에 데워 먹을 수 있는 인스턴트 카레까지 등장하였습니다. 일본에서는 24시간 편의점에서도 먹을 수 있는 메뉴입니다. 따라서 카레하우스로서 성공하기 위해서는 개성 있는 메뉴를 개발해야 합니다.

비프카레, 포크카레, 치킨카레, 시푸드카레, 베지터블카레와 같은 기본적인 카레를 중심으로 경쟁 점포의 가장 맛있는 카레보다 더욱 맛있게 만들겠다는 의지가 없다면 개성있는 메뉴의 탄생은 어려울 것입니다.

소스의 종류는 단 하나. 여기에 다양한 토핑 재료를 사용하여 효율적으로 개발하여야 합니다. 어린이가 좋아하는 미트볼을 넣거나, 숙녀가 좋아하는 새우후라이 등으로 변화를 꾀해야 합니다. 치즈, 오이피클, 베이컨 등 많은 재료와 함께 연구해 봅시다. 또한 토핑 재료의 추가에 따라서 가격도 올라갈 것입니다.

객단가를 높이기 위하여 카레라이스 이외에도 샐러드, 커피, 홍차, 아이스크림, 등을 판매할 수 있어야 합니다.

⑥ 경영 포인트

카레라이스는 일반 가정에서 잘 만들어 먹는 음식입니다. 이미 잘 알려진 메뉴이므로 선전하지 않아도 됩니다. 그러나 일반 소비자들은 카레의 맛은 잘 알고 있지만 밖에서 즐기지 않고 있는 것이 문제점입니다.

상권의 범위가 넓다면 개성이 강한 메뉴와 식사형 메뉴를 개발하여 고객을 유인할 수 있지만, 상대적으로 상권의 범위가 좁다면 지역밀착형 개념에 의해 철저하게 식사용으로 개발하여야 할 것입니다.

✠ 카레전문점 『아마카라야』

　독특한 향과 맛으로 누구나 즐기는 카레라이스이지만 카레를 상품화하기 위하여 많은 고민을 했다는 에비나 하루히토(41) 씨. 카레전문점 『아마카라야』(☎ 0559-22-9246)를 오픈하면서 처음에는 인도풍의 카레를 만들어 보았으나 고객의 반응이 없었다.

　4개월 후에 유럽풍의 카레를 추가했다. 4년이 지난 지금은 정통 인도 카레를 찾는 고객이 40~50%에 이른다고 한다.

　아오야마학원대학 경제학부를 졸업한 에비나 씨는 학생시절부터 장사를 해보고 싶었다. 호식가이기도 한 그는 아내와 함께 식도락을 즐기곤 했는데 '아내와 통하는 유일한 취미가 식도락이었

▲ 카레점 「아마카라야」 입구

다'고.

　그러던 중 부친으로부터 무엇인가 '장사'를 한 번 해보라는 이야기가 나오자마자 8년 근무한 대형 식품주류 도매회사를 사직하고 창업준비를 시작하였다. 우선 '가마메시(우리나라의 영양 돌솥밥과 비슷함)'를 해보고 싶었

다. 4개월 동안 도쿄의 처가에 머물면서 아사쿠사의 유명한 가마메시전문점에서 아르바이트를 했다. 100평이나 되는 매장은 지금도 항상 고객들로 붐비고 있다.

드디어 부친이 있는 후쿠시마에서 개업하였다. 36세가 되던 해, 에비나 씨는 부모로부터 완전독립을 하고자 지금의 장소(시즈오카현 누마즈시)에서 『아마카라야』를 개업하였다. 부친이 소유주인 매장은 자신의 소유가 아니기 때문이라는 이유였다. 자신의 이름으로 돈이 들어올 수 있는 자신의 매장을 가지고 싶었던 에비나 씨가 독립한다고 하자 친척 등으로부터 2천만 원의 축의금이 들어왔다. 그 동안 저축한 돈 5천만 원을 창업자금으로 준비하였으나 충분한 운전자금을 확보하기 위하여 부모로부터 1천만 원을 차용하였다.

독립을 결심하고 도쿄 시내에서 점포를 찾아보았으나 자기자금이 빈약하여 지방도시를 찾게 되었다. 8개월 동안 약 20여 부동산을 누비면서 점포를 찾았으나 주차장이 있고 임대료가 월 100만 원 정도의 장소를 고르기란 쉬운 일이 아니었다. 다행히도 지금의 장소는 3개의 점포가 공동주차장으로 사용하고 있지만 모두 영업시간이 다르므로 낮시간에는 독점하는 행운(?)을 얻게 되었다.

▲ 카레점 「아마카라야」 매장

가마메시의 전문가가 왜 카레전문점을 시작하게 되었을까? 그 대답은 '적은 자금으로 시작할 수 있는 아이디어 가운데 초보자가 할 수 있는 것은 단품으로 승부를 거는 것이 유리하다' 는 것. 시장조사를 통하여 부근에 카레전문점이 없다는 사실을 알고 카레전문점을 선택하였다. 맛과 가격으로 승부를 걸자는 생각이었다. 최상의 맛을 유지하기 위해서 직접 정미하여 항상 맛있는 밥을 짓고 있으며, 카레, 야채, 정육 등은 모두 엄선하여 사용하고 있다.

월평균 고객의 수효는 1,800~2,000명에 이른다. 1일 평균 고객수는 약 75~80명이며, 평균 객단가는 1만 원이므로 메뉴를 비교해볼 때 비교적 높은 가격이다. 그러나 장래를 위하여 새로운 메뉴의 개발이 시급하다는 에비나 씨에게 카레라면을 권해보고 싶다. 라면을 즐기는 일본인의 식생활습관에서 카레라면은 새로운 아이디어가 될 것 같다.

※ 창업자금과 경영분석

구 분		금 액(엔)	
개 업 일 시			1994년 12월
창업 자금	자기자금	7,000만	
	차입자금	1,000만	부모로부터 차용
자금 내역	보증금	1,000만	매장 12평 (25좌석)
	인테리어	740만	
	비품, 집기	4,280만	
	광고비	80만	
	운전자금	1,900만	
수입 지출	5월판매금액	2,000만	
	임대료	118만	
	상품대	700만	
	인건비	300만	
	잡비, 기타	130만	
	5월 경상이익	752만	부부의 인건비 포함

● 창업자 에비나 씨의 한마디

창업 초기에는 선전조차 하지 않고 맛과 가격만을 고집하면서 경영해왔으나 3개월이 지나도 고객은 증가하지 않았습니다. 자신이 제작한 전단광고를 상권지역에 배포하였으나 전혀 효

▲ 카레점 「아마카라야」 주인

과가 없었습니다. 10개월이 지나자 경영위기가 다가왔고, 몇 차례 왔던 고객들조차 발길이 끊어졌습니다. '입소문'으로 고객이 증가할 것이라는 에비나 씨의 예상은 완전히 빗나가고 말았습니다. '자신이 좋아하는 점포를 다른 사람에게 알리고 싶지 않은 심리가 있다는 것'을 아는 순간 좌절할 수밖에 없었습니다. '타운지(誌)'에 광고를 게재하면서 여성고객을 '타겟'으로 입소문을 내었습니다. 여성고객이 항상 남성을 동반한다는 사실도 확인하였습니다. 그 후, 단골고객인 신문기자가 '직장을 사직하고 카레전문점을 경영하는 부부'라는 기사를 신문에 게재하여 소문난 카레전문점이 되었습니다.

그렇지만 아직도 "정말 맛이 있는가?" 하고 항상 고객의 입장에서 생각하고 있습니다. 핵심은 '이 맛과 그 정도 가격이라면 고객들이 즐길 수 있을까'를 생각해 보는 것입니다. 에비나 씨 부부가 서로 맛있고 좋다고 하면 고객들도 반드시 만족할 것이라고 생각

합니다. 항상 이런 '초심'을 잃지 않고 일하고 있습니다.

● 우리나라에 도입하려는 분들에게

에비나 씨의 창업자금과 경영분석표를 살펴보면 주방의 설비비용이 대단히 높은 비중을 차지하고 있음을 알 수 있습니다. 소위 '먹는 장사'의 단점을 계속 열거한다면 매장의 회전율이 낮은 편이며, 경영자는 물론 종업원의 강한 체력이 요구됩니다.

인건비 또한 낮은 편이 아니며, 판매가 부진하면 기본 재료값은 물론 마진조차 얻지 못하는 경우가 많습니다. 에비나 씨도 경영위기를 맞이하지 아니하였던가?

그리고 가장 중요한 것은 음식점 상호간의 경쟁이라는 것입니다. 에비나 씨의 경우는 단순하게 카레점이 적다는 이유(?)만으로 카레전문점을 창업하였습니다.

'먹는 장사' 상호 간의 경쟁을 파악할 수는 없지만 상세권에서 먹는 장사의 비율이 15~20%를 초과하면 경영이 불리하다고 할 수 있습니다. 이를 마케팅에서는 '상관적인 경쟁자(Relative comp- etitors)'라고 합니다.

먹는 장사는 반이 남는다고 하나 판매가 부진해도 반이 남는가 묻고 싶습니다.

우리나라에서는 더 이상 먹는 장사를 할 만한 곳이 없을 정도로 음식점이 넘치고 있습니다. 매스컴조차 먹는 장사를 부추기는 경향이 있습니다. 그러나 무작정 먹는 장사를 할 수는 없는 것입니다. 자신의

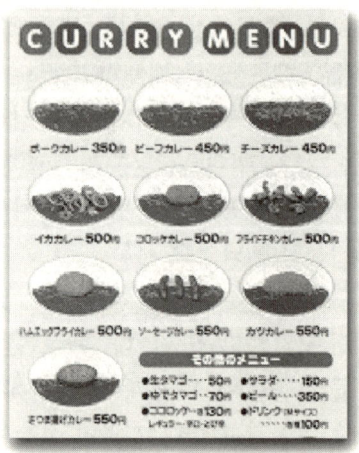

▲ 카레점 메뉴카드

예산을 가지고 최대효과를 얻기 위해서는 다음과 같은 점을 고려하여야 합니다.

① 조리경험이 없어도 가능한가?

② 상품은 건강지향성 컨셉인가?

③ 상권 내 인구와 교통량도 중요하지만 음식점의 수와 밀집도, 외식이용빈도를 알아야 합니다. 그리고 인기점이 있으면 불리합니다.

④ 경쟁점의 경영컨셉, 고객층, 요일에 따른 고객수 등을 조사하였는가?

음식업이 살아남기 위해서는 종류, 소재, 가격, 점주의 개성을 포함하여 점포의 강렬한 캐릭터를 만들어야만 합니다.

7 스파게티 하우스

① 특징

스파게티는 원래 이탈리아 요리입니다. 우리나라에 언제 들어왔는지 잘 모르겠습니다만 최근에는 파스타전문점이 급속하게 유행하는 추세입니다.

스파게티는 삶은 면에 소스를 뿌리거나 섞어서 만드는 간단한 요리입니다. 초보자도 매우 쉽게 만들 수 있습니다. 맛으로 분류한다면 이탈리아의 맛과 서양화(?)된 맛으로 나눌 수 있습니다. 우리나라에서는 이태리 정통 스파게티보다는 일반적으로 서양화된 맛을 즐기고 있는 것 같습니다.

스파게티의 원재료비가 대략 판매가의 25%정도로 싸기 때문에 수익성이 좋다는 이점이 있습니다. 스파게티면도 종류가 풍부하므로 면종류의 선택으로 개성을 표현하기가 용이합니다. 면은 건면과 생면, 그리고 냉동면이 있습니다. 소스는 이탈리아제부터 국산화된 상품이 있습니다만 이들 재료를 그대로 사용하기보다는 다소 수정 응용하여 사용한다면 품격 있는 스파게티전문점을 만들 수 있습니다.

② 위치조건

스파게티하우스는 어떠한 곳에 개점하여도 문제가 없습니다. 흔히 스파게티하면 젊은 여성이 많은 유흥상업지역이나 신상업지역이라고 생각할지 모릅니다. 물론 젊은 여성이 스파게티를 좋아하는 것 같습니다. 하지만 요즘엔 어린이나 노년층에서도 좋아하고 있으며, 학교의 급식에서도 빼놓을 수 없는 메뉴의 하나라고 합니다.

※ 스따게티하우스의 적절한 위치

위치조건	성공속도	비　　고
사무실 밀집지역	보통	토요일은 12시부터 영업
유흥상업 지역	최고	저녁부터 객단가를 높일 수 있는 메뉴가 필요
신상업 지역	최고	
주택가	보통	저녁부터 객단가를 높일 수 있는 메뉴가 필요 배후에 사무실 밀집지역이 있다면 점심영업이 가능
도심 외곽지역	최고	카페 레스토랑 분위기 전개
리조트형 교외	보통	

③ 점포규모와 필요자금

소규모 점포라면 5평도 가능합니다. 효율적인 경영을 위해서는 8평 점포가 필요합니다. 테이블형으로 레이아웃한다면 15평 규모가 필요한데 15평 점포라면 객석은 36~40석에 이를 것입니다. 만약 8평 점포로 오픈한다면 객석은 16석 정도가 적절할 것입니다.

여성지향적인 인테리어가 필요하므로 출점비용은 다소 높아지는데 필요한 자금은 다음과 같습니다.

※ 8평 스파게티하우스의 필요한 자금내역

(단위: 천 원)

항목	내 용	예상금액	조사금액	실제금액	비 고
점 포 취득비	보증금				
	권리금				
	중개수수료				
	소계				
공사비	내장공사	4,500			
	외장공사	1,000			간판
	부대설비	500			
	조명설비	200			
	기타	100			
	소계	6,300			
설비비	냉난방설비	1,200			
	주방설비	800			중고품
	기타	500			
	소계	2,500			
집 기 비 품	식기	500			
	조리도구				중고품
	전화	250			
	객석	700			중고품
	기타	300			
	소계	1,650			
개 업 준비비	구인비용	—			
	광고비	—			
	개점행사	1,000			
	기타	1,500			
	소계	13,450			
기타	예비비				
합계					

④ 점포 레이아웃 포인트

점포 만들기에 있어서 카운터 좌석을 만들 것인지, 테이블을 설치할 것인지를 결정해야 합니다. 테이블을 설치하면 고객들의 체재시간이 길어져서 회전율이 나빠지게 마련이고, 서비스 동선이 길어지는 흠이 있습니다.

소규모점포라면 카운터 좌석을 배치하는 것이 효율적입니다. 반대로 대형점포라면 테이블을 설치하는 것이 좋습니다. 4인용 테이블도 준비해야 합니다. 테이블도 디자인이나 식기 등을 올려놓았을 때 다소 여유 있는 공간이 있는지 확인해야 합니다.

스파게티는 이탈리아 음식이므로 이탈리아 스타일로 가꾸는 방법도 있습니다. 여성이 주요 고객인 만큼 점포 전체의 이미지를 고려하여 만들어야 합니다. 다른 업종이라도 여성들이 좋아하는 점포의 패턴을 참고하실 필요가 있습니다. 시대에 따라서 여성들이 좋아하는 패션성이 있습니다.

물론 모든 음식점에 적용되는 밝고 청결한 환경을 기본입니다. 화장실, 주방 등에 불결한 곳이 있다면 고객들은 외면할 것입니다.

⑤ 메뉴 포인트

비교적 잘 알려지고 많은 사람들이 좋아하는 메뉴가 있습니다. 나폴리탄, 미트소스, 베지리코, 카레보나라 등입니다. 이런 메뉴를 기본으로 정하고 개성 있는 메뉴를 개발해야 합니다.

개성있는 오리지널 메뉴를 개발할 때 주의할 점은 고객들의 욕구를 잘 파악해야 합니다. 건강(헬씨)지향성을 감안하여 브룩커리, 아스파라거스 등과 같은 화려한 야채를 이용하는 스파게티, 해산물을 이용한 시푸드 스파게티, 버섯종류를 이용한 버섯스파게티를 만들 수 있습니다. 이 때 색채의 배합에 주의해야 합니다.

또한 상품명을 독자적으로 독특하게 작명하는 것이 더욱 좋습니다.
다.

식기도 중요합니다. 여성뿐만 아니라 남성에게도 여유롭고 부드러운 식사를 하고 싶은 욕망이 크다는 것을 알아야 합니다. 그레이드(등급)가 높은 식기류를 사용할 것을 권장합니다. 호텔 등의 고급 레스토랑의 분위기를 참고하여 식기류를 선별하는 안목이 필요합니다.

스파게티 이외의 메뉴로는 샐러드 종류를 개발하는 데 주력해야 합니다.

⑥ 경영 포인트

원가비율이 낮은 업종이므로 대단히 유리한 업종입니다. 모든 장사가 마찬가지이지만 판매증대가 가장 중요한 포인트입니다. 판매증대를 위해서는 표적 고객층의 이용 동기에 잘 맞추어야 합니다. 서비스도, 분위기도, 그리고 맛까지도 잘 맞아야만 합니다.

젊은 여성이 많습니까? 남성들이 많습니까? 점심 이용이 많습니까? 저녁 이용이 많습니까? 주식으로 이용합니까? 간식(야식)으로 이용합니까? 빨리 먹습니까? 맛을 음미하면서 천천히 먹습니까? 이런 것들이 모두 변수로 작용하고 있습니다.

이용빈도가 높은 메뉴는 무엇입니까? 예로부터 국수를 비롯하여 라면에 이르기까지 면종류는 인기가 있는 식품입니다. 이런 관습을 잘 파악하면 우리나라의 젊은 여성이나 남성에게 어필할 수 있는 메뉴를 개발할 수 있을 것입니다.

✠ 부부가 경영하는 이태리 레스토랑 『루나 피에나』

▲ 파스타점 「루나 피에나」 주인 부부

나홀로 창업은 고독한 도전자와 같다는 고야마 야스히로(43세) 씨가 20년 동안 천직으로 일했던 광고 카메라맨을 접고 레스토랑을 경영하기 시작한 것은 1996년 9월이었다.

1995년의 고베 지진으로 고야마 씨의 스튜디오와 부모가 경영하던 식당도 전부 허물어진 후, 반년 동안 방황하던 끝에 부인 유키코 씨의 적극적인 제안으로 전업을 결심했다고 한다.

"힘든 때도 많지만 이해하고 뜻이 통할 수 있는 파트너(아내라면 더욱 좋다)와 함께 일한다면 그만큼 빨리 성공할 수 있을 것 같습니다. 부부가 함께 일한다면 인건비도 절약할 수 있고 마음도 더욱 잘 맞을 것 아닙니까?"

남편은 피자를 만들고, 부인은 파스타를 전담하고 있다. 부부가 밀가루 반죽을 연구하고 있는 셈이다. 피자의 베이스는 물론 파스타의 국수 연구에 몰두하다 보면 매주 3~4일은 새벽 3시 또는

▲ 파스타점 「루나 피에나」의 메뉴

4시까지 연구를 거듭하곤 합니다.

"이것을 다른 사람에게 맡긴다면 인건비를 감당할 수 없을 것 같아요…."라고 말하는 부인 유키코 씨가 더욱 적극적인 것 같다.

한편, 유키코 씨는 쇼핑을 다니고 싶은 생각이 나도, 아침부터 밤늦게까지 부부가 함께 일하므로 불편하기만 하다고…. 또한 초등학교에 다니는 아이와 함께 보낼 수 있는 시간이 없는 것도 아쉽다. 그러나 집에서나 레스토랑에서나 남편과의 대화는 온통 비즈니스 이야기뿐이라고 한다.

"음식점은 리스크가 있는 단순한 사업입니다. 매일매일이 노력과 인내의 연속이라고 생각합니다." 고야마 씨는 개업시에도 매장 인테리어를 전부 부부가 합심해서 독창적인 분위기를 만들었다고 한다. 바닥, 벽면, 천정에 이르기까지 소재를 선택하면서 창작의욕으로 작업했다. 부부는, 한 사람에게, 때로는 많은 사람에게 파스타와 피자를 알리려는 꿈을 향하여 정진하고 있다.

▲ 파스타점 「루나 피에나」 매장

● 창업자의 한마디

▲ 파스타점 「루나 피에나」 창업자

이탈리안 요리점의 쉐프 경력도 없이 시작하다 보니 피자 베이스와 파스타 소스를 개발하기 위하여 전력투구하였습니다. 그렇지만 이탈리안 레스토랑은 누구라도 할 수 있는 음식점입니다. 그 이유는 다음과 같습니다.

첫째, 대중음식으로 누구나 좋아하고 잘 먹는다.

둘째, 단품 상품이므로 파스타 소스나 피자의 토핑 재료의 차별화가 가능하다.

셋째, 조리방법이 간단하여 누구라도 만들 수 있다.

넷째, 조리하여 제공하는 시간과 고객이 먹는 시간이 짧아 회전율이 높다.

따라서 경쟁이 치열할 수밖에 없으므로 따라서 차별화를 위한 오리지널 메뉴를 개발하지 않으면 안 된다. 이탈리안풍의 분위기와 메뉴를 선보일 수 있다면 고객들도 즐거워 할 것이다. 고야마 씨 부부는 고객이 즐거워하는 표정을 읽는 순간이 가장 기쁘기만 하다고.

● 우리나라에 도입하려는 분들에게

파스타는 대체로 젊은층이 즐기는 메뉴입니다. 특히 20~30대 여성이 즐기는 경향이 있습니다. 따라서 가격 설정이 중요한 요소입니다. 젊은층이 가지고 있는 포켓머니(Pocket Money)로 먹을 수 있는 가격대가 필요합니다. 포켓머니는 상권과 표적고객층에 따라서 달라질 수 있습니다.

피자는 배달이 많은 편이며 주로 낮시간에 찾는 고객이 많습니다. 밤에는 여성고객이 가볍게 식사와 술을 즐길 수 있는 파스타 종류를 찾을 것입니다. 따라서 이탈리안 요리를 준비한다면 고객 만족은 더욱 높아질 것입니다. 상권을 가지고 있는 주택가라면 피자 배달도 적극적으로 추천하고 싶습니다.

즉석 배전도(焙煎度) 커피숍

① 특징

매장에 커피배전기(焙煎機)를 설치하고 이 기계로 즉석에서 볶아낸 커피원두를 갈아서 제공하는 커피숍을 즉석 배전도 커피숍이라고 합니다. 최근에는 고단가의 원두 커피맛을 즐길 수 있는 커피숍이 주목받고 있습니다. 또한 갓 볶아낸 커피원두를 별도로 판매할 수도 있습니다. 새로운 업태입니다.

원두커피숍도 가격경쟁이 심화되면서 점점 경영이 어려워지고 있고, 시골 다방들은 경영이 어려워지자 비윤리적인 업태로 탈바꿈하기도 하였습니다. 따라서 위와 같은 발상으로 업태를 바꿀 때 성공의 스피드가 달라집니다.

커피의 원두가격은 비교적 낮은 가격입니다. 커피를 끓여내는 기술도 매우 간단합니다. 소비자가격이 고가가 된다면 커피숍은 다시 매력 없는 업종으로 부활하게 되는 것입니다. 이처럼 부가가치가 높아지게 되면 연인들의 데이트 장소로도, 사교의 장소로도 인기를 얻을 수 있습니다. 또한 자가 제조한 커피에 자가상표를 붙여 판매한다면 좋은 선물이 될 것입니다.

원두커피숍이 처음 등장하였을 때 원두커피 한 잔의 가격은 고단가였습니다. 물론 다방이 처음 등장하였을 때도 커피 한 잔의 가격은 당시 물가와 비교하여 고단가였습니다. 경쟁이 치열해지면서 가격은 점차 하락하였던 것입니다.

소형자동배전기를 사용하면 약 10분만에 커피를 볶아냅니다. 갓 볶아낸 커피를 커피밀로 갈아서 '후레쉬 커피'를 서비스하게 되는 것입니다. **커피향이 살아 있는 커피맛**을 상상해 보십시오.

② 위치조건

커피를 즐기는 사람들은 많습니다. 아니, 성인이라면 누구나 좋아합니다. 그런데 즉석 배전도 커피숍은 단가가 비싸고 사교적인 이용동기가 기대되는 만큼 패션성이 높은 곳이 최적지가 될 것입니다. 사무실 밀집지역이나 주택가는 피하는 것이 좋겠습니다.

※ 즉석 배전도 커피숍의 적절한 위치

위치조건	성공속도	비　　　고
사무실 밀집지역	보통	즉석 원두커피를 갈아서 판매함 패션성이 높은 상권은 가능성이 있음
유흥상업 지역	최고	저녁부터는 커피를 중심으로 한 칵테일 판매
신상업 지역	최고	즉석 원두커피를 갈아서 판매함
주택가	보통	패션성이 높은 아파트 상가
도심 외곽지역	우수	약간 고급지향성이 유리함
리조트형 교외	우수	

③ 점포 규모와 필요 자금

5평 소규모 점포라도 가능하나 최소한 10평~20평이면 좋겠습니다. 매장이 너무 작으면 '하이 퀄리티(고품격)'를 강조해도 고급스러운 느낌이 나오지 않기 때문입니다.

15평 규모로 가정하면 필요한 자금은 약　억 원이 필요합니다.

※ 15평 즉석 배전도 커피숍의 필요한 자금내역

(단위: 천 원)

항목	내 용	예상금액	조사금액	실제금액	비 고
점 포 취득비	보증금				
	권리금				
	중개수수료				
	소계				
공사비	내장공사	6,000			
	외장공사	5,000			간판
	부대설비	2,000			
	조명설비	2,000			
	기타	1,000			
	소계	16,000			
설비비	냉난방설비	3,000			
	주방설비	5,000			중고품
	기타	1,000			
	소계	9,000			
집 기 비 품	식기	1,000			
	조리도구	2,000			중고품
	전화	150			
	객석	1,500			
	기타	1,000			
	소계	19,300			
개 업 준비비	구인비용	—			
	광고비	—			
	개점행사	500			
	기타	500			
	소계	1,000			
기타	예비비	3,000			
합계		48,300			

④ 점포 레이아웃 포인트

고급 커피숍으로서의 내부실내장식은 고급스러운 느낌을 표현하지 않으면 안 됩니다. 특히 가구는 최고급품을 사용할 필요가 있습니다. 자칫하면 투자자금을 줄이기 위하여 맨 마지막에 구입하는 가구를 예상보다 한 등급 낮은 가구를 선택하는 경우가 있습니다. 절대 금물입니다. 매장의 분위기는 가구에 따라서 매우 다르게 느껴집니다. 싸구려 가구로 매장의 분위기를 높게 연출할 수는 없습니다.

커피 배전기의 종류는 많습니다. 소형 전자동 모델을 권유하고 싶습니다. 보통 배전기는 어느 정도 숙련된 기술이 필요하므로 초보자가 사용하기에는 불편하다고 합니다. 물론 소형이므로 1회에 볶아낼 수 있는 커피의 양이 많지는 않습니다.

⑤ 메뉴 포인트

기본 메뉴는 당연히 커피입니다. 커피전문점의 이미지를 살리기 위해서는 다양한 커피를 최소 10종류 이상 준비해야 합니다. 브라질, 콜롬비아, 자마이카, 미국 등 산지에 따라서 종류를 분류하고, 배전도(焙煎度)에 따라서 라이트, 미디움 등을 구별하여 준비합니다.

이런 커피를 가지고 독립적인 맛을 내고 그 상품 이름을 창작해내거나 고객의 작명을 유도하여 '고객이 지은 커피 이름'을 한 달 동안 사용할 수도 있겠습니다.

커피일변도의 서비스로는 불충분합니다. 커피를 즐길 수 없는 분을 위하여 주스나 소프트 드링크도 5종류 이상 준비해야 합니다.

객단가를 향상시키기 위하여 커피와 함께 생과자, 빵, 케이크 등을 보조메뉴로 준비해야 합니다. 물론 식사메뉴는 절대로 피해야 합니다. 보조메뉴는 어디까지나 보조메뉴일 뿐입니다.

⑥ 경영 포인트

즉석 배전도 커피숍은 인근의 호텔 커피숍의 커피가격보다 30 ~50%는 비싸야 합니다. 고가전략이기도 합니다. 자기 점포에서 직접 생산하는 원두커피이므로 원가비율은 대단히 낮을 수밖에 없습니다만 매장의 분위기와 커피의 향이 살아 있는 다양한 커피를 서비스한다는 점에서 고가전략이 유리하다는 것입니다.

원가비율은 낮지만 커피단가가 고가이므로 마진율이 높아지는 것은 당연합니다. 매장의 이미지도 있겠지만 즉석에서 제조한 배전도 커피의 이미지가 철저하게 어필되었기 때문입니다. 따라서 커피원두와 배전도에 따른 커피 맛을 즐길 수 있는 연출이 절대적으로 필요합니다. 풍부한 커피 맛을 즐길 수 있는 곳, 이것이 경영 포인트의 백미입니다.

✚ 원두커피 체인점『도토루 가나메 커피숍』

저가격의 원두커피점, 그러나 철저하게 원두커피맛을 추구하는 카페, 오픈형 카페, 교외형 카페 등 여러 형태의 카페가 등장하고 있다. 경쟁이 심각할 정도이다. 이런 환경 속에서 원두커피숍을 해보고 싶다고 나선 모리야마 다카미쓰(43세)씨. 1년8개월 동안 준비 끝에『도토루 가나메 커피점』을 개점하였다.

도토루 커피숍은 20년 역사를 가지고 있는 원두커피 체인본부

▲ 커피숍 간판

이다. 초보자도 능히 소화할 수 있도록 지원해주는 시스템을 보고서 결정했다. 도토루 가나메 커피숍은 도쿄의 부도심권 주변에 위치하고 있다. 천정의 높이가 높고 면적이 넓어 시원한 개방감이 있다.

그렇지만 처음엔 초보자이므로 상권을 찾는 방법이나 정보를 획득하는 방법을 알고 있지는 않았다. "창업하고자 점포를 찾았으나 이 점포를 발견하기까지 많은

시간이 걸렸습니다. 만족할 만한 점포를 찾는다는 것이 얼마나 힘든지 이해갑니다." 모리야마 씨는 후보점포를 8차례나 변경해 가면서 가나메까지 오게 되었다.

도토루 커피숍의 체인본부와 체인본부의 전속 부동산과 밀착하여 부동산 정보를 조사한 결과였다.

한편, 체인본부에서 소개해주는 체인점과 기타의 커피숍을 순회하였는데 체인본부와 계약하면서 개업을 결정할 때까지 체인본부를 이용하는 메리트를 느낄 수 있었다고 한다. 개인으로 창업한다면 여러 형태의 시뮬레이션을 검토해야 하지만 체인본부를 이용하여 다른 체인점을 견학한다거나 오너와 대화하면서 많은 것을 체험할 수 있었다. 특히 모리야마 씨가 소비자의 입장에서 실감할 수 있었던 '감'으로 도토루를 선택하였다고 한다. 그러나, 필자는 우리나라에서 일본과 같이 철저하게 지원해 주는 체인본부를 추천할 자신이 없다.

▲ 「도토루 가나메 커피숍」의 주방

일본의 대형증권회사에서 근무하다 외국합작증권회사에 잠시

근무하던 중 조기퇴직제도를 이용하여 독립한 모리야마 씨에게
도 가족의 반대가 무척 심했다고 한다. 그러나 장래의 생존을 걱
정하면서 살아남기 위해서는 하루라도 젊은 시기에 무엇인가 자
신의 일을 하지 않으면 안 된다고 설득하였다.

● 창업자, 모리야마 씨의 한마디

첫째, 천정이 높은 관계로 미니 2층을 만들어 보다 편안하게 즐
길 수 있는 공간으로 레이아웃 하였습니다.

둘째, 주방에는 커피 추출기 등의 기계를 조작하기 편리하게 배
치하였으며, 아르바이트 근무자도 간단한 연수를 받으면 쉽게 조
작할 수 있도록 배려하였습니다.

셋째, 아르바이트생에게는 2~3개월에 한번 정도 면담을 함으
로써 동기부여를 하면서 기분을 전환시켜줍니다. 이로써 고객맞
이에 최선을 다하도록 격려하고 있습니다.

▲ 「도토루 가나메 커피숍」 원두

넷째, 원두커피를 판매함에 있어서 진열에도 최선을 다하고 있
습니다. 특히 주 1회 방문하는 수퍼바이저의 지도로 상품 진열에
많은 도움을 받고 있습니다.

● 우리나라에 도입하려는 분들에게

정직하고 진실되게 경영하는 체인본부가 있다면, 적어도 가맹점의 이익을 위하여 노력하는 점포가 있다면 여러 가지로 유리한 점이 많이 있을 것입니다. 그러나 필자는 사정상 나홀로 창업할 것을 권유합니다.

국내에도 여러 형태의 커피숍이 등장하면서 커피의 맛과 가격, 그리고 분위기가 성공여부를 가르고 있습니다. 서비스와 기타의 음식에 의하여 차별화를 시도하는 것도 중요하지만 커피 본래의 맛을 어떻게 내느냐 하는 것이 제일의 포인트입니다.

개점 장소도 오피스 거리, 학생들이 많이 모이는 장소, 교외의 주택가 등 여러 곳을 생각해볼 수 있으나 위치조건의 특성에 맞게 상품전략을 만드는 것이 중요합니다. 분위기도 상품의 하나이므로 특별하게 설계할 필요가 있습니다. 체인점에 가입하면 이런 자유가 제한되는 단점이 있는 만큼 개인매장에서는 이런 자유를 만끽할 필요가 있습니다.

소형 커피 배전기를 구입하여 직접 볶아서 판매하거나, 커피를 추출하여 서비스하는 노하우를 습득하고, 철저하게 영업에 주력하며 친절 서비스를 실행한다는 각오를 가진 사람이라면 반드시 성공할 것입니다.

9 천연효모 제빵점

① 특징

빵은 그 종류만큼이나 다양한 패턴으로 경영되고 있습니다. 체인점에서부터 자가제조하는 조그마한 빵집에 이르기까지 치열하게 경쟁하고 있습니다.

그러나 21세기는 부가가치를 찾는 시대입니다. 같은 빵이라도 개성이 뚜렷하지 않은 상품은 생존할 수 없는 세기입니다. 21세기를 향한 천연효모빵을 직접 제조판매하여 자신만의 매력과 독특한 자연의 맛을 상품화해야 하는데 바로 효모빵만이 가지는 특유의 맛과 산미야말로 훌륭한 승부수가 될 것 입니다.

기원전 4000년, 고대 이집트에서 있었던 일입니다. 밀가루를 반죽하여 볕이 쪼이는 곳에 놓아두었는데 부풀어올랐다는 것입니다. 이것을 굽자 지금까지 평평했던 빵이 부풀어오르며, 빵맛도 부드러웠습니다. 자연의 천연효모가 작용하였던 것입니다. 효모는 인간에게 유익한 균으로서 천연배양에는 시간과 정성이 필요합니다.

천연효모는 토도, 사과, 건포도, 호밀 등을 배양하여 얻는 것이 대표적입니다. 초산균, 유산균, 효모균 등의 복수의 균이 혼합되어 있습니다. 따라서 천연효모로 만든 빵에서는 특유의 맛있는 맛과 산미를 느끼게 되는 것입니다.

② 위치조건

일상 식용으로 대체된 빵을 사기 위하여 일부러 먼 곳까지 찾아가기는 번거롭습니다. 통행객이 어느 정도 있는 장소라면 찬스가 있습니다. 지역성과 환경성이 높은 업종이므로 상권의 중심 지향적인 위치가 좋습니다.

위치조건	성공속도	비 고
사무실 밀집지역	보통	역 주변이 좋다
유흥상업 지역	최고	1시간당 2000명 이상 통행하는 곳이라면
신상업 지역	최고	어느 곳이든 OK
주택가	우수	상점가나 역 주변이 좋다

③ 점포규모와 필요자금

　소규모 점포로서 8평이면 시작할 수 있습니다. 최근 빵집들은 밝은 조명과 함께 빵의 진열공간이 넓어져 있습니다. 과거와 같이 빵집에서 빵을 먹는다거나 누군가를 만나는 장소로 활용되지 않는 한 테이블과 의자는 무용지물이 되어 버릴 것입니다. 그러나 객석을 준비한다면 12평 이상 필요합니다.

　8평 점포를 기준으로 필요한 자금은 다음 표와 같습니다.

※ 8평 천연효모 제빵점의 필요한 자금내역

(단위: 천 원)

항목	내용	예상금액	조사금액	실제금액	비고
점 포 취득비	보증금				
	권리금				
	중개수수료				
	소계				
공사비	내장공사	5,000			
	외장공사	600			간판
	부대설비	2,000			
	조명설비	500			
	기타	200			
	소계	1,460			
설비비	냉난방설비	800			
	주방설비	3,000			중고품
	기타	2,000			
	소계	5,800			
집 기 비 품	식기	500			
	조리도구	2,000			중고품
	전화	150			공중전화 겸용
	객석	500			
	기타	500			
	소계	3,650			
개 업 준비비	구인비용	—			
	광고비	—			
	개점행사	500			
	기타	1,000			
	소계	1,500			
기타	예비비	1,500			
합계		13,910			

④ 점포 레이아웃 포인트

주위의 환경에 맞는 점포 만들기가 필요합니다. 매장은 고객을 접대하는 파티장과 같다고 합니다. 손님을 초대한 파티장의 주최자는 어떻게 신경을 쓰고 있겠습니까?

①초청받은 손님이 입장하기 쉬운가? ②파티장의 분위기는 쾌적한가? ③식음료(요리) 등은 맛있게 보이는가? ④식음료 등을 편하게 즐길 수 있는가? ⑤손님들이 입구에만 모이지 않고 안쪽으로 안내되고 있는가?

위와 같은 기본개념을 매장에 적용한다면 고객의 즐거움을 한층 높여줄 것입니다. 그럼에도 불구하고 왜 잘못된 레이아웃을 반복하고 있을까요? 우리는 반만 년의 역사를 자랑하면서도 경험하지 못했던 신기한 경제발전을 최근 30여 년 동안 이룩하면서 풍요로운 생활을 만끽하게 되었습니다. 점포는 고객이 원하는 '욕구의 단계'를 미처 쫓아가기가 힘들었습니다. 초라한 매장의 인테리어에 적당한 '구조물 설치'를 레이아웃이라고 생각하지는 않습니다.

출입구는 넓고 크게 하며, 매장의 활기가 입구에서부터 느껴져서 한 번 들어가 보고 싶은 호기심을 갖도록 만들어야 합니다. 그리고 미래를 앞서가는 가치관이나 목표를 나타내도록 합니다. 아울러 스크레치(Scratch : 밀가루부터 시작하여 빵을 구어 내는 전 과정을 직접 주방에서 하는 방법) 과정을 고객들에게 보여줄 수 있는 인테리어도 권장하고 싶습니다.

⑤ 메뉴 포인트

빵의 종류는 대단히 많습니다. 어디에 가도 볼 수 있는 빵보다는 경쟁점과 비교하여 개성 있는 빵을 만들어 차별화를 도모하는 창조적인 빵을 만들 수 있어야 합니다. 베이크-오프(Bake-off :

냉동제조빵을 발효하여 구어내는 일만 하는 방식) 스타일로 제조하는 체인점 빵집과 종류로만 경쟁하는 것은 불리하므로 오븐 후레쉬 천연효모 빵의 장점을 살려서 고객들에게 인기가 있는 빵을 집중적으로 제조판매하는 것이 판매에 유리할 것입니다.

⑥ 경영 포인트

예쁜 테이블을 준비하여 베이커리를 이용하는 고객들에게 서비스 차원에서 만남의 장소로 제공할 수도 있습니다. 매월 1회 정도 빵 · 과자교실을 개설하여 시식회의 초청과 함께 간단한 빵 · 과자를 만드는 법이나 맛있게 먹고 보관하는 정보를 제공하는 프로그램의 개발도 필요합니다. 시식회나 시식코너에서 제공하는 빵은 항상 갓 구어낸 빵이라야 합니다. 빵의 구매 고객층을 시간대별 · 요일별로 파악하여 시식코너의 상품도 변화시키면 더욱 효과적입니다.

필자의 조언을 정리하면 다음과 같습니다.
· 빵의 매력은 구운 정도와 향이 생명입니다.
· 후레쉬 베이커리의 강한 인상을 만드는 개성적인 빵을 제공해야 합니다.
· 매장 내에 시식코너를 만들어 놓습니다.
· 고객에게 빵을 먹는 방법과 보존방법을 알려줍니다.
· 지역 주민들로부터 사랑을 받아야 단골고객이 증가합니다.
· 택배 서비스 판매로 상세권을 넓힙니다.

✠ 매일 80여 종류의 빵으로 서비스하는 『가바의 빵』

착실하게 노력하면 성공한다고 말하는 젊은 빵집 주인의 표정은 어떻게 해야 성공할 수 있는가를 알고 있는 듯했다.

『가바의 빵』의 대표인 가바시마 와타루 씨의 인생은 고교 3학년 시절 만난 여학생(지금의 부인)의 권유를 따르면서 시작되었다. 그녀와 함께 일하고 싶은 욕망으로 빵집에서 아르바이트를 시작하게 되었다.

▲ 「가바의 빵」 매장

고교 졸업 후에는 그 빵집에 취직하였다. 그 점포에서 2년 동안 충실하게 일했다. 3년째부터는 평일에는 제과학교에서 빵 만들기를 공부하고, 토요일과 일요일에는 변함없이 빵집에서 일했다.

그러나 항상 자신의 점포를 가지고 독립하고 싶었던 가바시마 씨에게 낡은 빈 점포를 싸게 얻을 수 있다는 정보가 들어왔다. 그리고 그 점포가 있는 좁은 도로의 반대편에 폐점직전의 빵집을 발견하고 기계와 점포의 설비를 400만 엔에 인수하였다.

1990년 드디어 『가바의 빵』을 개점하였다. 창업이라고 하여도 단지 쓰러질 것만 같은 빵집이 있다는 정도였다. 결코 위치조건의 이점이나 여타의 프리미엄도 없었다. 인근의 전철역까지 갈 때에도 버스를 타지 않으면 안 되게 되어 있는 위치였다. 전에는 그 빵집에서 1일 3만 엔밖에 팔지 못하였으나 가바시마 씨가 개점하면서 판매는 급증하기 시작하였다.

"간단한 일입니다. 전의 점장은 고용인이었으므로 열심히 일하지 않았습니다. 빵집을 즐겁게 생각한다면 매우 즐거울 수가 있습니다. 지금 대부분의 빵집들은 냉동제조빵을 사용하고 있습니다. 손님들은 저녁에 산 빵을 다음 날 아침에 먹는 것이 일반적입니다. 그러면 빵맛이 전혀 다를 수밖에 없지요. 따라서 우리 집에서는 절대로 냉동재료조차도 사용하지 않습니다."

그 외에도 가바시마 씨의 많은 노력이 있었다. 오븐을 눈에 잘 뜨이는 곳에 설치하고, 매일 3~4회 빵을 구웠다. 전회에 구웠던 빵이 남았다면 철수시키고, 다시 새로운 빵을 팔 수 있도록 노력하였다. "보통 빵집과는 다르게 만들어진 순서에 따라 빵이 잘 팔리도록 진열하고 있습니다. 지독한 빵집에서는 전일 팔다 남은 빵도 진열하고 있습니다."

개점한 지 3년째에는 1일 판매금액이 8만 엔으로 올라갔습니다. 여기에서 가바시마 씨는 도로 반대편에 있는 현재의 점포를 구입하였다. 목표의 하나였던 주거공

▲ 「가바의 빵」 입구 모습

간이 붙은 점포를 마련하였다. 그러나 점포 반대편을 선택한 것은 빵집으로서의 이유가 있었다. "빵집은 북향이어야 합니다. 태양이 비치면 빵의 색깔이 변하지 않나요?" 내부 인테리어를 일신하자 고객이 증가하였다. 북향점포를 만든 직후 1일 판매금액은 12만 엔이 되었다.

『가바의 빵』에서는 신상품의 개발에도 여념이 없다. 주력상품이 된「프링쨩 아라 겡키」는「텔레비전 챔피언」프로그램에 출품되어 인기를 얻었다. 출품되자마자 그 결과는 엄청나게 큰 효력을 나타냈다. 당시에는 하루에 40~50개를 만들어도 어쩔 수 없이 부족하기만 했다. "내가 만든 빵이 그렇게 잘 팔리니 기쁘기만 했어요." 둘째 아들이 태어나면서 히트한 이 푸링빵은 둘째 아들이 가장 좋아하는 빵이 되었다고 한다. 1개에 250엔이므로 매우 낮은 가격으로 판매하고 있다. 소비세가 3%에서 5%로 인상하였어도 이 빵은 같은 가격으로 판매하였다. TV출연 직후 1일 16만엔 정도의 판매실적을 기록하였으나 그 후 평일에는 1일 15만엔, 토·일요일에는 20만 엔 정도로 매우 안정적일 만큼 경영이 호전되었다. 현재는 평일에는 18만 엔, 주말과 휴일에는 23만 엔을 판매하고 있다.

※ 창업자금과 경영분석

구　　분		금　액	비　고
개　업　일　시			1990년
개업까지 준비기간			1년 정도
개업자금조달	자기자금	600만 엔	
평균수입지출	월 평균판매금액	510만 엔	추정
	월 평균지출금액	200만 엔	
	순이익	310만 엔	

고교시절에는 그녀 때문에 제빵 아르바이트로부터 시작하였으나 언제부터인가 그녀와 헤어졌다. 그러나 제과학교에서 그녀와 아주 우연히 다시 만나게 되었다.

지금도 귀중한 파트너를 만났다고 생각하고 있으며, 『가바의 빵』이 성공할 수 있는 비결이라고 한다. "빵집을 시작할 때에 부인의 협력이 매우 중요하지요. 『가바의 빵』에서도 약 90%의 파워가 있었지요.

직원관리와 고객맞이를 맡았습니다. 부부가 합심해서 한다면 적자 날 비즈니스는 없지 않겠습니까? 먼저 부인을 설득할 수 없다면 은행을 설득해서 융자금을 얻을 수가 없지 않겠어요?"

매일 아침 5시부터 시작해서 하루 노동시간은 최저 12시간. 연휴가 있다고 하여도 연휴 다음 날의 준비가 있으므로 실제로 휴일은 없다. 정말 마음놓고 쉬는 날은 1월1일 하루뿐. 그러나 일하고 있을 때가 가장 즐겁다고 하면서 가바시마 씨는 웃는다.

● 창업자의 한마디

첫째, 정성들여 만든 빵은 불리한 위치조건이라도 이를 극복할 수 있다고 생각합니다.

둘째, 인기 있는 빵집이 있으면 반드시 견학합니다. 진열대의 높이와 크기, 주방의 설비와 점포 만들기를 체크합니다.

▲ 「가바의 빵」 점주

셋째, 다양한 종류의 신선한 빵을 제공합니다. 주로 일본인이 좋아하는 단팥빵을 중심

150

으로 카레빵이 맛있다면 성공한다고 생각합니다. 『가바의 빵』에서 가장 싼 빵은 10엔짜리 입니다.

● 우리나라에 도입하려는 분들에게

우리나라에서 성공조건으로 선택하는 제1의 요건은 위치조건입니다. 일본어로는 입지조건(立地條件)입니다. 1960~70년대의 일본에서도 위치조건이 성공의 초석이라고 생각하였습니다. 지금은 빵을 만든 사람의 정성과 노력을 제1순위로 꼽고 있습니다. 『가바의 빵』처럼 가장 싼 점포를 얻고, 가장 싼 설비를 구입하여 착실하게 노력하면 성공할 수 있다는 가바시마 씨의 생각을 배워야 합니다.

사람들은 빨리 성공하여 큰돈을 벌고, 다시 새로운 큰일(?)을 하고 싶은 대욕망을 앞세웁니다. 하지만 1999년으로 창업한 지, 딱 10년이 되어 그때야 비로소 제2호점을 구상하는 가바시마씨를 보면 우리나라 사람들이 좀 성급하지 않나 싶습니다.

가바시마 씨처럼 최소의 투자로 시작하되 다품종의 빵을 소량씩 구워내는 전략과 항상 연구하는 빵집을 세운다면 성공확률은 100%가 될 것입니다.

✖ 서해안풍의 베이커리 카페 『써머 필드(Summer Field)』

철저하게 미국의 서해안풍 취향을 만들겠다는 이시이노부히로 (43세) 씨의 제1호점이 도쿄의 중심가에 세워졌다. 『써머 필드』 (☎ 03-5226-6200) 다소 우리에게는 생소한 베이커리 카페이 다.

원래 미국 로스앤젤레스에서 컴퓨터 관련 기업을 경영하면서 음식사업에도 흥미를 가지고 있었다. 카페경영을 생각한 것은 9 년 전이었다. 컴퓨터 기업으로부터 얻은 수익금과 미국에서 재테 크로 얻은 수익금은 매년 1억 원을 웃돌아서 이렇게 모으기를 7 년, 매우 큰 자금을 형성하였다.

"미국에서도 담보와 보증인이 없 으므로 공적인 융자를 얻기가 어 려운 것은 당연했죠. 그래서 종자 돈을 모으기로 결심했습니다."

실제로 필자가 많은 창업가의 사 례를 조사하고 있으나 지금까지 해외에서 재테크에 성공하여 순조 롭게 자금조달을 해결한 경우로서 는 처음 만나는 사례였다.

처음에는 대형 커피숍 체인점으 로 시작하려고 하였으나 개업자금

▲ 「써머 필드」 매장의 천정

이 너무 많이 들어서 포기할 수밖에 없었다. 그러나 자신의 이상을 실현시키기 위하여 직접 점포를 개점하기로 결심하였다.

위치조건, 인테리어, 분위기 등 전체를 자신이 꿈꾸어 왔던 분위기로 재현시키는 것이었다. 장소로는 JR 야마노테선으로 주위가 조용하고 음식점도 비교적 적은 곳, 그렇지만 외국인이 비교적 많은 한조몬을 택하였다. 점포 임대료는 월판매 예상금액의 10% 이내의 건물을 찾았다. 내부 인테리어는 미국의 서해안을 생각하게 하는 따뜻한 계통의 색으로 결정하였다. 전체적인 분위기는 커피 원두의 소재와 제빵 오븐의 기종에 맞추었다. 경비절감을 위하여 요리장을 고용하지 않았다. 이시이 씨가 다른 레스토랑에서 기술을 습득하고, 요리 메뉴를 개발하였기 때문에 커버할 수 있었다. 물론 맛의 타협이란 없습니다. 독특한 분위기와 특유의 맛으로 사람의 왕래가 적은 주말에도 많은 고객이 찾아오고 있다.

기막힌 커피 맛을 추구하는 『써머 필드』. 커피 맛뿐만 아니라 카페 풍을 즐길 수 있도록 우유 자체가 가지는 맛을 내기 위하여 온도는 73도를 유지시키고 있다. 이런 커피를 제

▲ 「써머 필드」 매장

공하기 위해서는 다소 시간이 걸리지만, 바로 이 맛을 음미하기 위해 일부러 찾아오는 손님이 늘면서 판매고가 급신장되고 있다고 한다. 이 커피 머신에 소요된 비용만도 3천 3백만 원이나 들었다고 한다.

빵을 구워 내는 전기 오븐 또한 명품이다. 일본제 오븐을 사용

하면 빵이 구워지는 빛깔의 차이가 생기거나 타기 쉬우므로 독일에서 전기 오븐을 수입하였다. 여기에서 구워진 빵이나 스콘의 맛을 잊지 못하고 밤중에도 택시를 타고 사러 오는 손님들도 있다고 한다. 영업시간은 오전 7시부터 밤 10시까지, 연중무휴이다. 미국 서해안 풍의 인테리어는 실내 곳곳에서 베어 나오고 있다. 바다를 이미지화한 코발트 블루, 해안선을 실현시킨 옐로우, 덧붙여서 로고와 그래픽 디자인도 일품이다. 인테리어 비용에 약 2억 원이나 소요되었다. 점포 전면에 설치된 소품들과 각종 안내 팜프렛은 물론 각종 정보 게시판도 미국 서부 스타일 같다고 필자가 말하자 이시이 씨는 웃음으로 답했다.

결국 창업자금 6억 5천만 원은 커피와 빵맛에서부터 내부 인테리어의 분위기까지 미국 서해안풍을 우려내는 데 투자된 것이다.

※ 창업자금과 경영분석

구　　　분		금　액	비　고
개　업　일　시			1997년 9월
개업까지 준비기간			1년 정도
창업 자금	총 자금	6,583만 엔	
	자기자금	5,783만 엔	
	차입금	800만 엔	비즈니스론
자금 내역	점포 취득비	2,200만 엔	
	인테리어 비용	2,000만 엔	
	주방설비, 기기	130만 엔	
	설비공사	300만 엔	
	재료 구입비	200만 엔	
	기타	583만 엔	
1999년 2월 판매금액		미공개	
순이익		미공개	

물론 체인점 문의가 자주 들어오고 있다. 로열티는 없으며, 가맹비는 규모에 따라서 결정하는데 만일 한국에서도 문의가 온다면 제휴할 수도 있다고 한다. 끝으로 한국의 예비창업자를 위하여 성공담을 부탁하였다.

● 창업자의 한마디

성공은 적절한 판단과 노력이 쌓여서 이룩되는 탑입니다. 적절한 판단에는 정확한 정보가 필수불가결의 요소입니다. 따라서 월급쟁이를 그만두고 성공하는 것이 목표라면 우선 정확한 정보를 수집하지 않으면 안 됩니다.

성공할 수 있는 사업을 선택하고, 독립하기 위해서는 다음과 같은 포인트가 있습니다.

첫째, 사업을 지탱하는 수요와 전체시장의 규모 및 동향을 파악해야 장래성을 볼 수 있습니다.

▲ 「써머 필드」 점주

둘째, 유망한 사업이라고 해도 자신의 적성과 맞지 않으면 성공할 수 없습니다. 적성에 맞는 업종을 개발해야 합니다.

셋째, 자신에게 유리한 고지를 점령해야 합니다. 동업종이나 프랜차이즈 체인 본부간의 경쟁이 심한 경우도 있으므로 이들이 중점적으로 진출하는 지역을 피해가야 합니다.

● 우리나라에 도입하려는 분들에게

IMF 사태가 다소 진정되었다고는 하지만 그때의 여파로 인해 회사 내 고령자(혹은 고위직)의 퇴출 불안은 여전한 듯합니다. 그리고 이들의 연령은 40대부터 60대 이지만 전직할 곳도 마땅치 않은 현실에서 창업은 엄두를 내지 못하고 있는 중노년층… 이들에게 이시이 씨의 『써머 필드』는 해법을 제시하고 있습니다. 점포 임대료는 월 예상 판매금액의 10% 이하라든가, 위치조건은 에리어 마켓에서 음식점 비중이 낮은 곳을 찾는다든지, 점포의 분위기를 상품화하는 일 등입니다.

베이커리 카페는 이름만큼이나 생경합니다. 외국인과 젊은층이 많은 상권에서 도전해 볼 수 있는 업종입니다. 이시이 씨는 미국의 서해안 풍을 연출하였지만 유럽의 어느 한 고장의 분위기를 연출한다든가 또는 이시이 씨와 같이 로열티 조건이 유리한 외국의 체인본부와 제휴하여 개점할 수도 있습니다.

인간의 식생활은 점차 간편하고 편리 지향적으로 변화해갈 것입니다. 따라서 건강이나 자연에 대한 욕구가 점차 커지게 되어 있습니다. 사용하는 밀가루나 야채 등을 유기 · 무농약 등의 식재료를 사용하면서 건강한 자연을 키 컨셉으로 하는 점포 인테리어 전략이 필요합니다. 이런 면에서 베이커리 카페『써머 필드』의 자연지향은 성공할 수 있었다고 판단됩니다.

① 특징

낮에는 커피와 가벼운 식사를 중심으로 영업하고, 저녁 이후에는 주류(술)를 판매하는 업태입니다. 낮과 밤의 영업상품이 전혀 다른 새로운 스타일입니다. 간단한 식사로 주방의 설비와 작업을 간소화하고, 가벼운 주류를 판매하는 장사라고 생각하면 됩니다.

'카페'는 프랑스말로 '커피'라는 뜻이며, '바'는 영어로 '술집'이라는 뜻입니다. 카페라는 이름은 상호에서도 많이 사용되는 말입니다. 그러나 '바'라는 이름은 술을 연상시키는 이미지가 강하기 때문에 출입하기가 불편합니다. 특히 여성에게는 '바'라는 이름 자체만으로도 저항감을 갖게 될 것입니다.

여성들은 카페라는 문자에 대하여 좋은 이미지를 가지고 있습니다. 커피만 이용해도 좋다는 카페라는 문자가 가지는 이미지가 밝게 안도감을 주는 것 같습니다. 따라서 부담 없이 이용할 수 있는 젊은층과 여성에게 인기가 있습니다.

경영면에서도 소비가 강한 고객으로부터 인기를 얻는 업종이므로 영업이 활발하게 이루어지게 됩니다. 소비는 소득금액과 비례하지는 않습니다. 젊은층의 소득금액은 크지 않으나 소비력은 왕성합니다. 자신의 감각에 맞는다면 지출능력에 관계없이 소비하려는 경향이 매우 높습니다. 이런 고객심리를 배경으로 카페 바의 객단가가 향상된다는 것입니다.

현대의 젊은층과 여성의 취향에 맞는 장사라면 부가가치가 높은 영업이 가능하다는 특징을 가지고 있습니다.

② 위치조건

젊은이와 여성이 활보하는 거리가 적절한 위치입니다. 가능하다면 역근처나 터미널 주변이 좋습니다. 애당초 유럽 등지에서 시작된 카페는 문화교류의 장으로서 시작되었습니다. 친구들과 함께 대화를 즐긴다거나, 정보나 커뮤니케이션의 장소로서 독자의 문화공간을 만드는 일이 중요합니다. 가격이 비싼 장소보다는 개성과 문화교류의 장소로 만든다는 의지가 필요합니다.

※ 카페 바의 적절한 위치

위치조건	성공속도	비 고
사무실 밀집지역	보통	토요일은 12시부터 영업한다
유흥상업 지역	최고	위치조건에 따라서 점심시간대 영업이 가능
신상업 지역	최고	
주택가	불리	젊은층이 집합하는 장소라야 가능하다

③ 점포규모와 필요자금

점포규모는 최소 10평을 확보해야 합니다. 카페 바는 젊은층과 여성을 표적고객으로 하기 때문에 실내 장식도 하나의 상품이 되므로 어느 정도 규모가 필요합니다. 가능하다면 15~20평 정도가 좋습니다. 이 때 주방은 3.5평, 출입구 1평, 나머지는 모두 객석이 됩니다.

번화가의 2층이 적절하며, 유리창을 통하여 밖의 풍경을 볼 수 있으면 금상첨화가 되겠지요.

15평의 경우 필요한 자금은 다음 도표와 같습니다. 가구가 다소 고가입니다만 젊은층과 멋진 여성고객을 겨냥한다면 이 정도 예산이 필요합니다.

※ 15평 카페 바의 필요한 자금내역

항목	내 용	예상금액	조사금액	실제금액	비 고
점 포 취득비	보증금				
	권리금				
	중개수수료				
	소계				
공사비	내장공사	6,000			
	외장공사	4,000			간판
	부대설비	2,000			
	조명설비	1,000			
	기타	1,000			
	소계	14,000			
설비비	냉난방설비	3,000			
	주방설비	3,000			중고품
	기타	500			
	소계	6,500			
집 기 비 품	식기	1,000			
	조리도구	1,500			중고품
	전화	150			공중전화 겸용
	객석	8,000			
	기타	1,000			
	소계	11,650			
개 업 준비비	구인비용	—			
	광고비	—			
	개점행사	500			
	기타	500			
	소계	1,000			
기타	예비비	3,000			
합계		36,150			

④ 점포 레이아웃 포인트

지금까지 설명한 바와 같이 신세대와 여성을 끌어들이기 위하여 카페 바는 이미지가 대단히 중요합니다. 자그마한 곳까지 섬세하게 신경을 쓰지 않으면 안 되고 디자인과 패션성이 함께 어우러져 고급 분위기를 나타내야 합니다.

카페 바의 주방이라고 하여 특별한 설비가 필요한 것은 아닙니다. 가벼운 식사를 준비할 수 있는 정도의 설비와 커피 등의 음료와 알코올을 서비스할 수 있는 설비라면 충분합니다.

⑤ 메뉴 포인트

카페 바는 이름만큼이나 새로운 스타일이므로 메뉴 구성에 있어서도 개성과 차별화가 필요하며 간단한 음식이라도 개성을 살릴 수 있는 아이디어가 필요합니다.

식사메뉴로서는 치즈, 햄이나 소시지, 샌드위치, 샐러드, 스튜, 파스타 등으로 가공하여 구성할 수 있습니다. 알코올은 맥주, 와인, 양주, 일본술 등 20여 품목으로 구성할 수 있습니다. 점심메뉴에도 소량의 알코올을 서비스하는 메뉴를 개발할 필요가 있습니다. 최근에는 와인이 여성들에게 인기가 높으므로 와인을 중점적으로 개발하는 것이 포인트입니다. 일반인들은 와인에 대한 상식이 부족하므로 와인에 대한 정보를 제공하는 서비스를 병행해야 와인의 판매가 증가할 것입니다.

⑥ 경영 포인트

인건비와 원료비율이 최대의 비중을 차지하게 됩니다. 인건비와 원료비율의 합계가 판매금액의 55%를 초과하지 않도록 해야 합니다. 비교적 고가정책을 적용하며, 점심시간대보다는 저녁시간대에 50%~200%의 가격대로 설정하는 것이 좋습니다.

지역밀착 경영으로 성공한 개성적인 카페
『뉴스 카페』

✠ 개성적인 카페『뉴스 카페』

태어나서 자란 곳, 지유가오카(도쿄의 외곽지역)에『뉴스 카페
(News Cafe)』(☎ 03-3725-6450)를 차린 이하라 가요코(30
세) 씨. 이하라 씨의 생가는 대대로 모밀국수, 돈가스 등의 음식
을 판매하여 왔으므로 동네에서 꽤나 알려진 점포였다. 철이 들
면서부터 "점포가 있으면 고객이 온다"고 하는 환경에서 자연스
럽게 상인정신을 체득하였다.

그렇지만 무엇을 하든 우선 필요한 것은 돈이었다. 저축한 돈은
모두 800만 엔. 언젠가는 독립할 계획을 가지고 생활은 곤란했지
만 20세부터 월 10만 엔씩 저축했다. 전문학교를 졸업하고는 디

▲ 「뉴스 카페」입구

자인 회사에 취직을 하였다. 디
자인 회사 근무 중, 옛날부터 동
경하던 미국 여행을 할 기회가
생겼는데 그 때 여행 중 자기 사
업을 해야겠다는 중대한 결심을
하게 되었다. 그리고 2년간의
준비기간을 거쳐 95년 가을, 자
그마한 점포를 계약하게 되었
다.

우연히 찾은 골목길 안의 3평
점포. 자그마한 주점으로 사용
된 지 4년 정도 된 이곳은 위치

조건으로 볼 때 매우 악조건이었다. 부동산도 이곳은 추천할 만한 물건이 못된다면서 단념하라고 하였다. 그렇지만 별로 많은 투자를 하지 않고 연습 삼아 시작하기에는 안성맞춤이라고 생각하였다. 보증금 200만 엔에 계약하였다.

내부 인테리어 비용 260만 엔, 냉장고 등의 설비비용은 50만 엔으로 충당할 수 있었다. 일본에서 구입하면 비싼 식기류는 미국에서 구입하고 자신이 운반하였다. 준비비용을 쥐어짤 만큼 절약하였다. 위치조건이 매우 불리한 상황에서 눈에 잘 뜨이는 간판을 이하라 씨 자신이 직접 만들어 걸었다. 예산부족과 악조건을 원동력으로 하여 창업 초기부터 상인기질(商人氣質)을 100% 발휘한 이하라 씨의 개업자금은 모두 800만 엔이었다.

이하라 씨의 풍부한 인맥도 재산의 하나. 실내 인테리어는 친구의 도움으로 해결하였다. 코디네이션은 이하라 씨 자신이 직접 구상하였다. 나머지 300만 엔은 운전자금이었다.

1995년 12월, 『뉴스 카페』가 드디어 영업을 시작하였다. 아버지의 이름이 잘 알려진 고향, 지유가오카. 다른 곳에서 개점할까 생각도 했었지만 결국 고향사람들에게 도움을 청하게 되었다. 귀가 중인 샐러리맨 한 사람, 또는 동네사람들이 평상복을 입은 채로 부담 없이

▲ 「뉴스 카페」 매장

들르는 장소가 되었다.

샌드위치(프렌치프라이드 포함)는 만 원정도, 케이크는 450엔 이상이며, 14종의 커피를 판매하고 있다. 마진율은 80%정도라고 한다. 하루 평균 20~30명 정도의 고객이 들리고 있으나 주말에는 50명 정도의 고객으로 매우 붐빈다. 인터뷰에도 선뜻 응할 정도로 호쾌한 이하라 씨의 인품으로 볼 때, 그의 성공 비결은 고객을 편하게 모시는데 있지 않을까 생각한다.

※ 창업자금과 경영분석

구 분	금 액	비 고
개 업 일 시		1995년 12월
창업 자금	800만 엔	매장 3평
월 평균 판매금액	40만 엔	
월 평균 이익	32만 엔	추정

● 창업자 이하라 씨의 한마디

신선한 재료를 사용하여 샌드위치, 케이크와 프렌치프라이드를 직접 만들어 판매하고 있습니다. 이하라 씨는 영양사이므로 맛있고, 빠르게, 그리고 직접 만들어 서비스하는 것을 '모토'로 하고 있습니다. 지역주민들의 생활에 밀착한 시장정보를 가지고 있으므로 어느 정도 고객의 '니즈'를 쉽게 파악할 수 있었기 때문에 성공할 수 있었다고 생각합니다.

● 우리나라에 도입하려는 분들에게

시내 중심부에서는 샐러리맨과 1인 고객을 위하여 맛있는 메뉴를 빠른 시간에 염가로 제공하는 박리다매(薄利多賣)가 정착되고 있습니다. 이런 업태의 점포가 성공하기 위해서는 사람이 많이 모이는 번화가나 비즈니스 타운 등의 위치조건이 매우 좋은 곳이어야 합니다.

따라서 임대료나 권리금 등이 매우 높은 곳입니다. 따라서 초심자에게는 권유하고 싶지 않습니다. 매장의 크기는 기본적으로 5~15평 정도가 유리합니다.

다른 방법으로는, 강렬한 독창력으로 개성파 카페를 만드는 것입니다. 임대료가 비교적 싼 곳(위치조건이 불리한 장소)일지라도 고정고객을 유인할 수 있고 효율적인 수익성을 높일 수 있다면 좋습니다. 이때 점포의 임대료는 5~9%(필자의 저서 「초창업법」 참조)가 적당합니다.

개성파 카페를 만들면 다음과 같은 장점이 있습니다.

① 성공하기 위해서는 상권이 작아야 합니다. 고객의 방문 빈도가 중요한 포인트입니다. 출근 전, 점심시간, 또는 식후에, 업무 중 고객과 상담하기 위하여, 한가한 시간을 보내기 위하여 자주 방문할 수 있는 상권을 가지고 있어야 합니다. 따라서 걸어서 갈수 있는 거리 정도이면서 이용하기 편리한 곳이면 충분합니다. 이면도로나 주택가 또는 번화가도 가능하다는 것입니다.

② 이익율이 매우 높아야 합니다. 이익율이 70% 정도라면 보통 수준이며, 80%이상이면 좋습니다.

③ 고도의 조리기술은 필요하지 않으나 독자적인 분야를 개척하려면 다소 연구가 필요합니다.

최근에는 '장소의 제공'이라는 의미에서 카페의 '새로운 니즈'가 발생하고 있습니다. 인터넷＋카페, 부티크＋카페, 만화(코믹)＋카페 등의 복합점이 새로운 경향입니다.

11 가라오케 · 스낵 바

① 특징

'가라오케 스낵 바'를 이해하실 수 있습니까? 최근 여러 가지 형태의 가라오케 비즈니스가 등장하였습니다. 그러나 한결같이 공통된 결점을 가지고 있습니다.

①우선 비용이 얼마나 나왔는지 확실하게 알 수 없고 ②통행자를 유인하기 어렵고 ③양주 등을 병으로 구입할 경우 부담이 큽니다. 이것을 요금과 시간 등의 시스템에 의하여 해결할 수 있는데 그것은 바로 통행자도 저항없이 편리하게 이용할 수 있는 새로운 가라오케 스낵 시스템입니다.

우선 매장 내에 자유롭게 이용할 수 있는 술과 음료를 비치합니다. 간단하게 먹을 수 있는 스낵도 종류별로 진열해 놓습니다. 고객이 입장시 일정한 요금을 지불하면 컵 1개와 디쉬(접시) 1개를 제공하여 뷔페음식과 같이 1시간 동안 마음대로 먹고 마실 수 있습니다.

기본요금은 2인 1시간에 15,000원으로 정하고, 추가 1인마다 7,000원이 추가됩니다. 물론 1사람이 입장해도 기본요금 15,000원을 지불해야 합니다. 누구나 안심하고 이용할 수 있는 시스템을 개발하여 번창하고 있는 가라오케 스낵 바의 최대 매력은 안심하고 이용할 수 있다는 점입니다.

가라오케 스낵 바는 소형으로 영업이 가능하고, 레저시설로 인기가 있으며, 일정금액 이상만 판매되면 마진율이 대단히 높다는 점이 최대의 매력입니다. 고객은 안심하고 이용할 수 있으며 상호 부담 없이 더치페이가 정확하게 이루어 질 수 있어 이용빈도가 높아질 것입니다.

② 위치조건

사무실 밀집지역은 반드시 좋다고 볼 수는 없습니다. 사무실 밀집지역이라고 하더라도 역 가까운 부근은 좋습니다. 가라오케는 흔히 2차로 가는 유흥시설입니다만 가라오케 스낵 바는 1차, 2차가 혼합된 곳이므로 요리 메뉴가 충실하지 않으면 안 됩니다.

지나가는 통행자가 식사와 함께 여흥을 즐기기 위하여 들릴 수 있는 곳이면서 충동적으로 입장하는 고객에게 만족을 줄 수 있는 곳이므로 지하나, 2층이나 크게 문제는 되지 않습니다. 그러나 방음장치가 완전하지 못하면 인근에 피해를 줄 우려가 있습니다. 따라서 주택가 지역은 피하는 것이 좋습니다.

※ 가라오케 스낵 바의 적절한 위치

위치조건	성공속도	비 고
사무실 밀집지역	보통	낮에는 점심식사 위주로 영심
유흥상업 지역	최고	연중 무휴로 영업가능
신상업 지역	최고	젊은층 중심으로 영업하며 주말에는 심야 영업
주택가	보통	전철역 부근이 좋다

③ 점포 규모와 필요자금

옹색하지만 점포규모는 5평만 있어도 가능합니다. 10평 정도 확보한다면 무난합니다. 10평 규모라면 객석은 7평 정도 확보하고 보조석을 포함하여 좌석은 20~24석을 만들 수 있습니다.

10평 점포 규모라면 점포취득비용을 제외하고 대략

※ 10평 가라오케 스낵 바의 필요한 자금내역

(단위: 천 원)

항목	내 용	예상금액	조사금액	실제금액	비 고
점 포 취득비	보증금				
	권리금				
	중개수수료				
	소계				
공사비	내장공사	4,000			
	외장공사	800			간판
	부대설비	500			
	조명설비	2,000			
	기타	2,000			
	소계	9,300			
설비비	냉난방설비	900			
	주방설비	500			
	기타	500			
	소계	1,900			
집 기 비 품	식기	800			
	조리도구	500			중고품
	전화	150			
	객석	1,000			중고품
	기타	1,000			
	소계	3,450			
개 업 준비비	구인비용	—			
	광고비	—			
	개점행사	500			
	기타	500			
	소계	1,000			
기타	예비비	1,500			
합계		17,150			

④ 점포 레이아웃 포인트

가라오케 스낵 바라는 이미지를 연출하기 위해서 개성을 표현해야 합니다. 일반 가라오케, 스낵 바와 구별하기 위해서는 가라오케＋요리＋알코올＋점포의 매력이 혼합되어 고객을 유혹해야 합니다. 매장 내부의 디자인은 상당히 고급스러운 이미지를 연출해야 합니다.

가라오케는 외부로 소리가 새어나가지 않도록 방음에 각별하게 주의를 해야 합니다. 심야영업을 하는 경우에는 특히 주의해야 합니다. 온도가 낮아지는 밤에는 소리가 더 멀리 나아가기 때문입니다.

가라오케 기종선정은 대단히 중요합니다. 기존 가라오케에서 사용하는 기기 중 가장 사용이 편리하고 경제적인 기종을 선택해야 합니다. 또한 신곡에 대한 버전업 서비스가 잘 되는 기종을 선별해야 합니다.

⑤ 메뉴 포인트

가라오케를 즐기는 고객은 노래가 우선이므로 식음료를 등한하게 하여도 좋다는 생각을 하게 됩니다. 안주감에 지나지 않는다고 하여 음식 메뉴를 소홀히 생각하여 겨우 몇 종류만 준비한다든지, 극히 간단한 음식만 준비한다든지, 냉동식품으로 조리한다든지 해서는 안 됩니다.

가라오케 세트는 이제 가정에서도 사용하고 있으며, 웬만한 유흥음식점에서는 무료로 이용할 수 있는 설비가 되었습니다. 따라서 음식 메뉴와 술에 대하여 매력이 없다면 가라오케 스낵 바는 인기를 얻을 수 없습니다. 요리에 매력이 있다면 이용빈도가 증가하게 될 것입니다.

이용객의 연령층에 따라서, 시간대에 따라서 메뉴를 바꾸어야 할 필요가 있습니다. 식사시간대에는 식사 대용식을, 젊은층이 방문하는 심야에는 치즈, 햄버거 등을, 중노년층이 방문하는 저녁시간대에는 부침개를 서비스할 수도 있습니다. 요리 메뉴에 정성을 기울여서 고객들로부터 호평을 받는다면 경쟁 가라오케보다 대단히 유리할 것입니다.

⑥ 경영 포인트

가라오케 스낵 바는 일반 음식점보다 객단가가 높다는 것을 알 수 있습니다. 고객이 많아진다면 대단히 유리한 조건입니다만 고가이므로 고객이 찾아오지 않는다면 반대로 적자폭이 대단히 클 수밖에 없습니다.

단골고객을 확보하기 위한 노력이 필요합니다. 한 번이라도 방문한 고객에게는 항상 안심하고 가볍게 이용할 수 있는 점포 이미지를 심어 주어야 합니다. 따라서 요금 계산방법은 누구라도 쉽게 이해할 수 있도록 단순명료해야 합니다. 세금신고처럼 복잡해서는 곤란합니다.

✠ 이익경영보다 자신의 즐거움으로 경영하는 스낵바,
『Just a Holiday』

　대학생 시절 여러 가지의 아르바이트를 해보았지만 음식점에서
의 아르바이트가 항상 즐거웠다는 요시다 요시유키(30세)씨. 써
핑윈드를 함께 하는 친구들과 해변가에서도 음식점을 경영해보
고 싶다는 이야기를 자주 했다고 한다. 그동안의 아르바이트 경
험으로 음식점 경영에는 어느 정도 자신이 있었다.
　어느 날 우연히 해변가의 점포를 임대한다는 광고를 보았다. 장
소가 마음에 들어서 무엇인
가 해보고 싶었다. 친구 2명
과 함께 동업하기를 원했다.
세 명은 모두 술을 좋아했으
므로 현재의 설비를 그대로
살릴 수 있는 주점을 경영하
기로 하였다. 『Just a
Holiday』는 이렇게 시작되
었다.
　3인의 공동경영은 특별한
문제없이 출발하였다. 3인
모두 아르바이트와 샐러리맨
을 경험한지라 서로를 이해

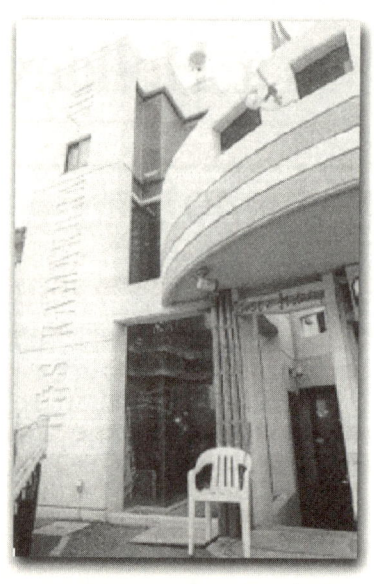

▲ 스낵바「Just a Holiday」입구

하면서 경영에 참가하였다. 그러나 창업 2년 후 친구 한 사람이 떠났으며, 6개월 후 결국 다른 한 사람도 떠나고 말았다. 혼자서 경영을 하다보니 다소 불안하기도 하다고.

해변가 주점을 직접 경영하면서 느낀 애로사항은 역시 고객관리라고 한다. 연평균 1,500만 엔의 매출을 기록하고 있지만 계절, 날씨 등에 따라서 크게 좌우되는 것이 매출이라고 한다. 여름과 겨울의 매출 차이는 3배 이상이나 된다. 특히 성인식(일본에서는 매년 1월10일이 성인의 날)부터 3월까지는 최악이라고 한다. 월판매금액이 50만 엔도 채 되지 않는다. 차라리 겨울방학이라도 할까 하고 생각한 적이 많았다고….

남풍이 강한 날에는 고객이 한 사람도 없는 경우가 있다. 보통은 오전 5시에 폐점하고 있지만 남풍이 부는 날에는 12시 경에 폐점한다. 요시다 씨는 이것이 바로 해변가 점포의 특성이라고 한다.

다음으로는 술 먹다 말고 동료끼리 싸우는 경우라고 한다. 만취한 고객을 적당히 타일러 돌려 보내는 것은 힘든 일이라고 한다. 요시다 씨 자신이 좋아서 5년 동안 줄곧 경영할 수 있었다고 한다.

"60여 종류의 술 종류도 갖추었지만 음식 메뉴에 전력을 기울이지 않으면 매출이 오르지 않아요." 『Just a Holiday』는 술을 좋아해서 찾아와 대화가

▲ 스낵바 「Just a Holiday」 포스터

즐겁고 노래가 즐거운 곳이라고 생각한다. 사실 단골고객들은 『Just a Holiday』에 가자고 말하지 않고 "요시다군이 있는 곳으로 가자"고 말한다고 한다.

요시다 씨는 고교 졸업 후 2년 동안 방랑생활을 한 후 네트워크 회사에 취직하였다. 4년 동안 샐러리맨을 하다가 마케팅 공부를 하고 싶어서 퇴직한 후 25세 되던 해 대학에 입학하였다. 공부를 하면서 닥치는 대로 아르바이트를 했다. 주점에서, 커피숍에서, 유통점에서 주어지는 대로 일했다. 26세 되던 해 동업으로 창업한 것이다.

해변가에 위치한 점포이므로 바다를 테마로 결정했다. 레게 음악을 컨셉으로 정하고 인테리어를 수정하였다. 지금까지 사용하였던 수도와 가스 파이프는 그대로 살리면서 텔레비전 모니터에는 요시다 씨 자신의모습이 녹화된 윈드서핑 테이프를 내보내면서 바다의 분위기를 살렸다.

1995년 창업할 당시에는 일본도 거품경제가 붕괴되는 시기였다. 보증금 2,000만 엔 하던 점포를 200만 엔에 계약할 수 있었다. 주점은 일반적으로 위치조건의 영향이 크지 않다. 그러나 『Just a Holiday』는 에노시마(태평양 연안)를 바라보는 전망 좋은 곳이었다. 두사람이 각각 150만 엔씩 출자하여 보증금을 지불하였다.

● 창업자의 한마디

오픈 후 크리스마스와 연말 파티를 개최하는 등 계절에 맞는 이벤트를 매월 실시했습니다. DJ를 초청하여 라이브 뮤직을 서비스했고 때로는 레게 밴드를 초청하여 서비스하였습니다. 이벤트를 알리는 포스터도 직접 작성하였습니다.

때로는 고객과 함께 바비큐 파티를 하면서 점주 주최가 아닌 고

172

▲ 스낵바「Just a Holiday」의 매장

객이 스스로 즐기도록 하였습니다. 15평 규모에 16석밖에 안 되는 작은 매장에 100여명이 입장하기도 하였습니다. 고객 획득작전은 대성공이었다고 생각합니다.

고객 스스로도 친구의 파티를 개최할 수 있도록 분위기를 도와주는 것이 고객 획득전략의 하나였습니다.

● 우리나라에 도입하려는 분들에게

'바' 는 여러 가지 형태로 나누어져 있습니다. 바텐더와 카운터석이 있는 본격적인 바가 있는가 하면, 칵테일 위주로 하는 케쥬얼바, 식사도 내놓는 푸드바 또는 펍, 스낵바 등이 있습니다. 왜 이렇게 복잡하냐고 반문하실 것 같습니다만 이런 형태는 모두 고객의 이용동기가 다양하기 때문입니다. 여러분들도 고객의 희망에 대응하는 새로운 형태를 개발할 수 있습니다.

커피숍과 마찬가지로 바를 이용하는 고객은 매장의 공간과 분위기를 원하고 있습니다. 독특한 개성으로 매장의 분위기를 연출

하고, 전면으로 돌출시키는 것이 포인트입니다. 이런 분위기에
공감하는 고객을 표적고객으로 겨냥하여야 합니다.

  주)『Just a Holiday』는 최근 전화연락이 되지 않아 전화 번호를 생략하였습
니다. 이 점 양해바랍니다. 한 장소에서 5년 동안 경영한 점으로 보아 충분히
성공하였으리라 믿고 있지만 사정상 폐업하였을 수도 있고 이전 개점할 경우도
있으리라 예상됩니다.

12 도시락 판매점

① 특징

초등학교와 일부 학교에서는 학교에서 급식을 하는 관계로 도시락이 사라졌지만 특수한 때나 일반인들이 점심을 도시락으로 식사하는 경우가 증가하고 있습니다. 아직 보급률이 그렇게 높지는 않습니다만 장래성은 밝다고 생각합니다. 문제는 맛과 가격, 그리고 위생이 무엇보다도 중요합니다.

일본에서도 1970년대 초반의 제1차 오일쇼크 이후 도시락이 본격적으로 등장하였다고 합니다. 그후 보급속도는 빨라져서 전국적으로 성행하게 되었습니다.

도시락 하면 찬밥을 연상하게 되나 따뜻하고, 저렴한 판매 도시락은 학생, 샐러리맨의 점심이나 야식으로 각광을 받게 되었습니다.

도시락 판매점에는 객석이 필요없습니다. 작은 공간만 있으면 충분하므로 소자본으로도 가능한 장사입니다. 메뉴도 간단하여 특별한 조리기술이 없어도 초보
자도 간단하게 영업할 수 있는 것이 특징입니다.

② 위치조건

도시락 판매점은 위치조건의 제약이 거의 없습니다. 아침, 점심, 저녁의 3끼니 때에 판매가 가능하기 때문입니다. 그렇지만 가장 수요가 많은 시간이 주로 점심시간이므로 점심시간을 겨냥해서 위치조건을 선별해야 할 것입니다. 물론, 주택가, 상업유흥가, 도심 외곽지역에서도 가능합니다. 문제는 경영이 가능한가 분석해 보아야 할 것입니다.

최근에는 24시간 편의점에서 도시락, 김밥 등을 판매하고 있습

니다. 최대의 경쟁자이기도 합니다. 이와 같이 24시간 편의점이 있거나 고급 레스토랑이 있는 곳은 피하는 것이 좋습니다. 오히려 2등급 상권이나 3등급 상권에서 번창할 수 있는 찬스가 많습니다. 주변에 학교, 운동장, 병원, 공장 등 사람들이 많이 모이는 시설이 있거나 직원이 많은 회사가 있다면 최상의 상권이 될 것입니다.

※ 도시락판매점의 적절한 위치

위치조건	성공속도	비 고
오피스 지역	우수	낮 12시부터 영업
유흥상업 지역	최고	낮 11시부터 22시까지 영업
신상업 지역	최고	
주택가	보통	

③ 점포규모와 필요자금

점포 내에 객석이 없으므로 5평이면 충분합니다. 그러나 도시락을 만드는 동안 잠시 기다릴 수 있는 대기실이 필요합니다. 이런 경우 8평 정도는 확보해야 합니다.

투자금액으로서는 8평 규모로 가정했을 때 다음과 같이 소요됩니다. 일반 음식점과 비교하여 비교적 적게 드는 편입니다.

※ 8평 도시락 판매점의 필요한 자금내역

(단위: 천 원)

항목	내 용	예상금액	조사금액	실제금액	비 고
점 포 취득비	보증금				
	권리금				
	중개수수료				
	소계				
공사비	내장공사	1,000			
	외장공사	500			간판
	부대설비	300			
	조명설비	200			
	기타	300			
	소계	2,300			
설비비	냉난방설비	600			
	주방설비	1,500			중고품
	기타	500			
	소계	2,600			
집 기 비 품	식기	1,300			
	조리도구				중고품
	전화	150			
	객석	200			중고품
	기타	200			
	소계	1,850			
개 업 준비비	구인비용	—			
	광고비	—			
	개점행사	500			
	기타	200			
	소계	700			
기타	예비비	1,000			
합계		8,450			

④ 점포 레이아웃 포인트

점포 만들기의 최대 포인트는 정면입니다. 고객들은 정면을 보고 구매를 할 것인지를 판단하게 됩니다. 맛있고 즐거운 도시락을 생각하면서 점포를 찾아올 것입니다.

도시락 판매점의 생명은 밝고 청결하고 맛이 있어야 합니다. 매장 전체의 컬러 컴비네이션이 조화를 이루고 있으면 품위는 한층 높아질 것입니다. 색의 부조화는 점포의 격을 떨어뜨리게 됩니다. 24시간 편의점을 이용하는 고객의 심리를 충분히 연구해보면 매장을 어떻게 만들어야 하는지 충분히 이해할 수 있습니다.

주방에서 작업하여 바로 판매하는 시스템이므로 주방의 레이아웃도 매우 중요합니다. 작업을 빠르게 진행하기 위하여 작업동선을 연구하여 주방설비를 배치하여야 합니다.

⑤ 메뉴 포인트

도시락 메뉴와 일반식당의 메뉴는 전혀 다릅니다. 일반음식점에서는 가정에서 즐길 수 없는 메뉴이지만 도시락의 경우는 반대로 가정에서 먹는 음식의 연장선에 있습니다.

따라서 개성화는 필요하지만 그 방법에 있어서는 다소 차이가 있습니다. 밥의 특징을 만들어내는 것입니다. 흑미밥, 팥밥, 잡곡밥, 양념을 한 밥 등을 생각할 수 있습니다.

간단한 김밥, 초밥이나 주먹밥 등을 생각해 볼 수도 있습니다. 객단가를 향상시키기 위해서는 간식용 도시락과 캔 음료수의 판매를 추가해야 합니다.

⑥ 경영 포인트

일반적으로 음식점은 인건비와 원재료비율이 높은 것이 특징입니다만 도시락점은 더욱 높다는 것이 최대약점입니다. 원재료비율이 일반 음식점보다 높기 때문입니다.

일반음식점의 경우 인건비와 원재료비율의 합계가 총판매금액의 55% 이내이어야 한다고 하였습니다. 도시락점의 원재료비율은 높을 수밖에 없기 때문에 수익균형을 맞추기 위해서는 인건비의 비중을 낮추지 않으면 불가능합니다.

따라서 파트타이머나 주부 아르바이트 직원을 채용하여야만 됩니다. 도시락을 만드는 데 특별한 조리기술을 필요로 하지 않기 때문에 주부를 활용할 수 있습니다. 일본의 경우 주부와 노인들로만 구성된 도시락 판매점이 대부분입니다.

인건비 관리는 판매증대 못지 않게 중요한 경영 포인트이며 상관관계를 가지고 있습니다. 즉, 판매가 증대되면 인건비의 비율이 어느 정도 낮아집니다. 그러므로 주변의 기업체, 공장 등에 정기적으로 점심 등을 공급할 수 있는 단골 거래처를 확보해야 합니다.

요리의 '달인'이 만드는 도시락전문점
『마담 이시지마』

✠ 도시락전문점 『마담 이시지마』

15년전 도시락 제조를 처음 시작하면서 장래성이 기대된다고 말했던 것을 회상하면서 이시지마마리코(65세)여사는 당찬 꿈을 이야기한다. 고령자를 위한 도시락점과 학교를 경영하는 것이 꿈이라고.

NHK방송에 입사하여 요리담당 코너의 사회보조자로서 근무를 했고, 38세에 잡지사 요리담당기자로서 전업한 후 49세에 퇴직하였다. 그 후 시코쿠의 한 중견식품회사에 입사하였다.

어느 날, 이시지마 씨가 수퍼마켓의 기획부 담당자를 초청한 상품설명회장에서 상품을 예쁘게 담는 것을 보고 식품회사 사장은

▲ 도시락점 『마담 이시지마』의 매장

이시지마 씨에게 "지금부터 새로운 비즈니스다."라고 말하면서 자금을 지원해 주었다.

1985년 8월 1000만 엔으로 오픈한 이후 놀라울 정도로 성장한 마담 이시지마 도시락점은 년간 매출 3억 5천만 엔, 종업원 50인으로 성장하였다. 개업시에는 거의 항상 혼자서 모든 일을 처리하였다. 초기에 도시락을 사러 오는 사람들은 주방을 보는 경우가 많았다.

핵가족화가 진행되면서 가공식품이 증가하기 시작하였다. 가공식품은 건강면에서 불안한 요소가 있으므로 건강을 위하여 이용한다는 동기가 가장 높다. 가정에서 먹는 식사와 같은 기분을 연장시켜 주는 어머니의 손맛과 건강음식과 같은 기분을 느낄 수 있다면 반드시 성공할 수 있다는 판단을 가지고 있었다.

도시락은 의외로 원가비율과 인건비가 차지하는 비중이 높다. 원가비율이 40~45%, 인건비가 약 25% 차지한다. 식음료 비즈니스 중 가장 높은 비율이다. 인건비율을 낮추기 위해서는 파트타이머를 채용할 수도 있지만 고정거래처를 확보하여 매출을 향상시키는 것이 중요하다.

지금도 "인생은 50세부터 출발한다"고 하면서 직원과 함께 일하고 있는 이시지마 씨는 1주일에 200 종류 이상의 반찬을 만들고 있다. 전화받을 시간이 없을 만큼 바쁘다는 이시지마 씨에게 노하우를 문의하실 분은 팩스 이용을 권한다. (팩스 03-3773-7786)

● 창업자, 이시지마 씨의 한마디
요리는 체력으로 하는 게 아니라 오랜 경험에 의해 체득되어지는 것이므로 '득도'를 하려면 90세는 되어야 한다고 생각합니다.

● 우리나라에서 적용하려
면

간단하면서도 편리한 식생
활문화는 우리의 생활 속으
로 점점 가깝게 다가올 것입
니다. 그 중에서도 건강과
자연희귀는 본능적으로 넓
어질 것입니다. 유기재배,
무농약 재배 등의 야채로 도
시락을 만든다면 가격이 인

▲ 도시락점 「마담 이시지마」의 주인

상되어도 판매는 결코 떨어지지 않을 것입니다.

상권으로는 상점가와 쇼핑센타가 공존하는 지역이 좋으며, 샐
러리맨과 직장여성이 많은 비즈니스 타운에서는 점심 도시락 판
매가 유리하며, 주택가도 노려볼 만합니다. 그러나 모두 패스트
푸드처럼 바로 제공할 수 있는 시스템이 필요합니다.

메뉴 구성에 있어서는 가정식 요리 50%, 유행성 요리 20%, 계
절요리 30%로 배분하는 것이 이상적입니다.

메뉴에 싫증을 느끼지 않도록 항상 새로운 메뉴 개발에 전력을
기울여야 합니다. 가격은 도시락 1개에 3,000원~6,000원 정도
가 좋겠습니다. 10~20 종류의 도시락을 개발하는 것도 중요한
포인트.

13 　고급두부

① 특징

두부는 우리 생활에 없어서는 안 되는 식재료입니다. 순수한 두부는 무첨가 식품이며, 건강식품으로서도 손색이 없을뿐더러 훌륭한 영양식품입니다.

현재 우리나라에서 판매되고 있는 두부의 종류는 보통두부, 순두부, 연두부 정도입니다. 우리의 두부 제조기술이 일본으로 전수되어 다양하게 연구된 것 같습니다. 일본에서는 사용하는 재료에 따라서 다양한 맛의 두부를 즐기고 있습니다.

이런 점을 참고하여 다양한 두부를 생산 판매하거나 두부 전문 요리점을 겸업한다면 매출은 더욱 상승할 것입니다. 정육점에서 로스구이를 판매하듯이 말입니다.

두부를 성형하는 과정에서 동그라미, 꽃 모양, 등의 여러 가지의 용기를 사용하면 더욱 재미있는 두부모양을 만들 수 있으며, 조리과정에서 이런 특징을 살린다면 요리를 재미있게 즐길 수 있을 것입니다.

두부의 종류가 그렇게 많지 않은 우리의 실정에서 두부 요리에 익숙하지 못한 환경을 감안하며 두부요리보다는 두부제조판매가 더욱 유리하다고 봅니다.

특이한 두부를 생산판매한다면 그 자체만으로도 화제의 상품이 될 것입니다. 다양한 두부가 개발되면 다양한 두부요리가 개발될 것입니다.

② 위치조건

가정에서 사용하는 두부의 양이 업소에서 사용하는 두부의 양보다 3~4배 이상 되리라 보고 있습니다.

또한 수퍼마켓 등에서 판매하는 두부가 대부분이므로 주택가 지향의 상권은 초기 고전이 예상됩니다. 물론 두부공장은 최소 10평부터 시작할 수 있으므로 어떠한 장소에서도 두부를 생산할 수 있습니다. 좋은 지하수가 나온다면 더욱 유리합니다.

※ 고급두부 판매점의 적절한 위치

위치조건	성공속도	비 고
오피스 지역	나쁨	두부 요리는 가능함
유흥상업 지역	좋음	11시부터 22시까지 영업
신상업 지역	좋음	
주택가	보통	7시부터 20시까지 영업

③ 점포 규모와 필요자금

최소 10평 이상의 제조공장을 마련하고 한편에서는 두부를 진열하고 판매할 수 있는 공간이 필요합니다.

최근에는 두부 제조설비의 간소화로 장소의 용이성이 높아졌습니다. 이런 사정을 감안하면 창업비용은 의외로 적게 들 것입니다.

※ 고급두부 판매점의 필요한 자금내역

항목	내 용	예상금액	조사금액	실제금액	비 고
점 포 취득비	보증금				
	권리금				
	중개수수료				
	소계				
공사비	내장공사	500			
	외장공사	1,000			간판
	부대설비	2,000			
	조명설비	200			
	기타	500			
	소계	4,200			
설비비	냉난방설비	—			
	주방설비	2,000			중고품
	기타	500			
	소계	2,500			
집 기 비 품	식기	—			
	조리도구	500			중고품
	전화	150			
	객석	—			
	기타	500			
	소계	1,150			
개 업 준비비	구인비용	—			
	광고비	—			
	개점행사	500			
	기타	500			
	소계	1,000			
기타	예비비	6,000			
합계		14,850			

④ 점포 레이아웃 포인트

제조의 편의성과 위생관리를 위하여 두부제조설비와 매장과의 사이에는 유리로 차단하는 것이 좋겠습니다. 당일 생산 당일 판매해야 하므로 고객들이 쉽게 터치할 수 있는 오픈 진열장을 사용하며, 냉장고도 에어커튼이나 가벼운 필름으로 덮는 형태가 좋습니다.

전일에 팔다 남은 재고두부는 별도의 진열장에 보관, 판매하는 것이 좋습니다. 재고두부 판매를 위한 소형 냉장고는 다소 쳐진 위치에 놓는 것이 좋겠습니다.

⑤ 메뉴 포인트

.일반 두부가 500원 정도에 판매되고 있지만 즉석제조두부는 1,000원에 판매되고 있습니다. 그러나 즉석두부는 옛날 두부 크기(모)이므로 그렇게 비싼 편은 아닙니다.

일반 두부 제조에 사용하는 두부콩과는 달리 검은 콩, 푸른콩, 또는 이들과 일반 콩과의 혼합에 의하여 다양한 두부가 제조됩니다.

간수 대신 전분과 칡가루를 사용하면 찹쌀떡처럼 맛있는 두부가 됩니다. 생선묵(오뎅)과 같이 만들 수도 있으며, 성형시키는 형태에 따라서 다양한 모양과 크기로 만들 수 있습니다.

⑥ 경영 포인트

두부를 제조하기 위해서는 반드시 두부공장에서의 견습 필요합니다. 두부를 즐겨먹는 일본에서 자신이 좋아하는 두부를 선택하여 제조기술을 습득하는 것도 좋은 방법입니다.

콩을 갈아 두부즙을 내고 가마솥에서 끓여 만드는 두부제조에는 시간과 정성 그리고 노동력이 필요합니다. 따라서 배우자와 함께 시작하는 것이 좋겠습니다.

창업 초기에는 보통두부는 약 70~80% 정도 생산하고 고급두부는 20~30%에서 점차 생산량을 늘려가는 방법으로 고급화 전략을 추진해야 합니다.

일본의 많은 두부 가운데 이런 두부도 있습니다.

마치 오뎅을 연상시키는 '찌쿠와 두부'

된장이 첨가된 '된장두부'

찰쌀떡과 같은 '고도후'

이제 여러분이 만들 수 있는 두부 아이디어가 떠오르지 않습니까?

✖ 고급 브랜드 두부를 통신판매로 연결한 『미요시 상점』

인구 27만이 사는 일본의
오사카 야오시 주택가에 있는
10평의 작은 점포 『미요시 상
점』(☎ 0729-93-0221)에서
는 맛으로 소문난 고급두부를
제조 판매하고 있습니다. 종
업원이라고는 부인과 딸뿐인
'보통 두부공장'에 지나지 않
습니다.

"고객들로부터 어떠한 두부
보다 맛있습니다."라는 인사
가 제일 반갑다는 미요시 이

▲ 두부 상품

와오(49세) 씨의 두부제조경력은 20년. 고교 졸업 후 오사카에
서 평범한 샐러리맨을 하고 있던 미요시 씨는 30세 되던 해 '월
급쟁이'를 벗어나고 싶었습니다. 아는 사람의 두부공장에서 1년
동안 견습을 하면서 전에 받던 월급의 ⅓이 총 수입이었습니다.
독립 후, 영업경험을 살려 판매에 총력을 기울였습니다.

이 공장의 출발점은 6년 전, 두부 제조기 업체의 영업사원이 해
준 귀중한 한마디의 조언이었습니다. "수퍼마켓의 진출, 후계자
의 문제 등으로 전국의 두부점이 3분의 1로 줄었습니다."라고 말

했던 것입니다.

　미요시 씨는 이 말을 듣고 두부의 차별화, 즉 개성이 없다면 생존하기 어렵다고 생각했습니다. 이런 위기 속에서 미요시 씨는 결단을 내렸습니다. '이제부터는 고급 두부를 제조,판매하는 것이다!'

　그 후 새로운 기계를 도입하고, 새로운 원료를 찾으러 전국을 순회하기 시작했습니다. "솔직히 말해서 저도 '두부집'인데 어디를 가도 그 맛이 그 맛이었습니다. 그러던 어느 날 전혀 새로운 맛을 느끼게 되었습니다."

　미요시 씨는 고급두부를 제조하여 『가와우찌안』등 여러 가지의 자체 브랜드를 가지고 판매하고 있습니다. 멀리 나라나 고베에서도 찾아오는 단골고객이 있을 정도로 평판을 얻고 있습니다. 그렇지만 역시 도매는 한계가 있음을 깨달았습니다.

▲ 선물용 고급두부

　그러던 중, 오카야마의 한 두부공장에서 통신판매를 하고 있는 회사를 알게 되었습니다. 그러나 대금회수가 어려울 것이라고 걱정이 되어 문의를 했더니 100% 수금이 되므로 걱정할 필요가 없다는 답변을 들었습니다.

　그래서 다시 통신판매를 위하여 연구를 시작했습니다. 패키지는 어떻게 해야 좋을까. 재질은 무엇이 적당할까. 보존기간을 연장시키기 위하여 어떻게 제조해야 좋을까. 고급스런 느낌의 카달로그도 만들었습니다. 그러자 사정이 달라졌습니다. 첫 해에는

30건의 주문이 왔으나, 다음해에는 350건의 주문이 쇄도하였습니다. '입소문'으로 주문은 쇄도하기 시작하여, 지금은 일본 전국으로 판매하고 있습니다.

"저의 시도가 일본 전국의 두부상에게 자신감을 심어 주는 계기가 되었으면 좋겠습니다."라고 말하는 미요시 씨의 조언을 들어보겠습니다.

● 창업자, 미요시 씨의 한마디

▲ 두부점 주인, 미요시 씨

창업 당시에는 보통두부를 연중무휴로 제조, 판매하였습니다. 미요시 씨는 1일 약 150km를 자동차로 달리면서 판매하였습니다. 생산량의 70%를 이동판매로 소화하였습니다. 따라서 고정 단골고객을 확보하면서 매장에서 판매하기 위해서는 고급 두부의 개발이 시급했습니다.

마을 가운데 자리잡은 '두부집'으로 시작하여 6년 전에 고급 두부를 생산, 개시하여 매출을 신장시켰습니다. 다시 브랜드화 하여 통신판매를 시도하여 상권을 넓혔습니다. 통신판매를 계기로 광고와 PR을 개선하여 지난 해에는 전년 대비 150% 신장률을 기록했으며 2000년부터는 인터넷 등 새로운 미디어 판매를 시도할 계획입니다.

향후 5년 안에 현재의 작은 점포를 재건축하여 1층에는 두부, 반찬, 무첨가 식품의 판매장으로, 2층은 두부 요리점, 3층은 기프트 매장 겸 두부 제조 연구소로 만들 예정인데 이로써 현재는 대학의 연구소를 활용하고 있지만 본격적으로 두부에 대한 연구를 시작할 계획입니다.

▲ 두부 전문점 「미요시」의 매장 정면 입구

14 이동 음식점

① 특징

자동차나 손수레만 있다면 도로상에서 이동음식점을 시작할 수 있습니다. 여기까지만 생각한다면 이동음식점은 매력 있는 장사라고 생각합니다. 원하는 곳에서, 원하는 시간에, 가능한 음식을 판매할 수 있으므로 수익률이 매우 높다는 것이 장점입니다.

그러나 우리나라에서는 **모두 불법**이므로 단속대상이 됩니다. 따라서 의외의 비용이 발생하게 됩니다. 현실적으로 이동음식점이나 이와 유사한 형태로 시작하는 분들을 위하여 참고자료가 될 수 있도록 이 글을 씁니다.

② 위치조건

이동음식점의 위치는 번화가 중심지보다 교외 지향적인 상권으로서 밤에 통행인구가 많은 곳이 유리합니다. 혹은 레저시설이 있는 곳을 겨냥해볼 만합니다.

수퍼마켓이나 쇼핑타운에서 부정기적으로 개최되는 이벤트에 참가하는 것이 가장 유리합니다. 위치조건은 물론 전기, 수도, 등 일괄적인 지불로 해결되므로 편리할 것입니다.

보통 2~3개월 전에 스케줄이 결정되므로 몇 개의 영업조직을 확보해 두면 연중 영업이 가능합니다. 초기에 이런 영업 인맥을 찾기가 어려울 지도 모릅니다만 시간이 흐르면서 자연스럽게 인맥은 형성될 것입니다.

③ 점포규모와 필요자금

중고차(또는 중고 손수레)를 마련한다면 창업비용은 절감될 것입니다. 이동수단과 점포 역할을 담당하는 자동차(손수레)를 개조하고 식자재와 취사도구, 용기를 준비하면 준비 끝.

④ 메뉴 포인트

장소의 제약성으로 메뉴를 간소화하는 것이 좋습니다. 라면, 크레이프, 꼬치구이가 일반적입니다만 새롭고 강렬한 메뉴 개발에 도전해볼 만합니다. 이동음식점의 판매는 충동구매가 대부분이므로 무엇이든 통행자에게 강렬한 이미지를 느끼게 해야 발길을 멈추게 될 것입니다. 메뉴도 이런 차원에서 개발해야 합니다. 개발능력이 부족하면 메뉴의 이름이라도 강렬하게 지어야 하지 않을까요.

⑤ 판매 목표

운전에서부터 판매에 이르기까지 1인 또는 2인이 담당해야 합니다. 원가율은 30%, 기타경비 10%, 고정비용 18%, 자신의 인건비 15% 정도 감안한다면 인건비를 포함하여 수익률은 27%가 됩니다.

⑥ 경영 포인트

이동음식점은 리스크가 적은 사업입니다. 그러나 아이디어에 따라서는 가능성이 큰 비즈니스이기도 합니다. 음식물 이외에 무엇이든 판매할 수 있는 상품이 많이 있으므로 헝그리 정신과 왕성한 의욕만 있다면 반드시 성공할 수 있는 길이 보이는 아이디어 사업입니다. 고정고객을 확보하기 위해서는 상호를 강렬하게 짓지 않으면 안 됩니다. 강한 어필로 통행자를 유인할 수 있습니다. 한편 손수레나 차량은 청결하게 세차하여야 합니다. 식기의 격납, 급수와 배수설비, 식자재의 보관냉장고가 비치되어야 합니다.

IV 성공을 약속하는
원포인트 어드바이스

IV 성공을 약속하는 원포인트 어드바이스

옛날에는 사람들의 입에서 '좋은 음식점'이라는 평판만 있으면 번창하였습니다.

부탁하지도 않은 '입소문 내기'가 친구, 직장 동료 등에게 소개와 소개를 통하여 선전이 이루어졌습니다. 따라서 음식점 주인은 열심히 음식만 맛있게 만들면 만사 O.K.였습니다.

바야흐로, 지금은 음식점이 넘쳐나는 시대. 지난 시대와 같이 주위 사람들의 입소문에만 의존해서는 생존하기 어렵게 되었습니다. 경쟁이 치열한 만큼 살아 남기 위해서는 다각적인 노력을 요구당하고 있습니다.

여러분의 성공을 위하여 보다 효과적인 원포인트 어드바이스를 소개합니다.

1 광고와 PR은 어떻게 해야 할까

개인의 가치관이나 개성화가 뚜렷하게 나타나면서 자신의 눈과 귀로서 매장을 선별하는 시대가 되었습니다.

우리나라의 번화한 상점가를 조사해보면 한결같이 화려한 익스테리어(외부 장식)로 고객의 시선을 집중시키려는 노력을 볼 수 있습니다.

어느 연예인의 마네킹을 체인점의 캐릭터로 사용하고 있는 체인본부가 있습니다. 그러나 그 연예인과 그 체인본부와는 어떠한 관계가 있는지 일반적으로 알려지지 않고 있습니다. 경영자라든가 또는 그 음식과 관련하여 어떠한 노하우를 가지고 있다든가 하는 일반적인 확증이 없습니다. 단순히 그 연예인의 인기만 이용하여 음식점을 선전하려는 의도로 분석됩니다. 이렇게 형식적인 광고는 '돈'만 날릴 뿐입니다.

작은 점포라도 고객의 눈과 귀에 직접 '어필'할 수 있는 광고, 즉 고객의 마음속에 닿을 수 있는 광고나 PR 방법이 필요한 시대입니다. 작은 점포일수록 직접 전단지를 제작하여 배포하는 것이 가장 효과적이라고 합니다.

특히, 지하철역 입구나 상점가 입구에서 배포하거나 주택의 우편함에 직접 투입하는 것이 효과적이라고 합니다. 발로 뛴 만큼 성과를 얻을 수 있다고 합니다. 물론 점포로부터 500m를 벗어나서는 결코 안 될 것입니다.

한 걸음 더 나아가서 전단지는 물론 메뉴표와 1회 시식권을 가지고 주변의 사업장을 직접 방문하여 배포하는 것이 최상의 효과를 얻을 수 있다고 합니다.

상가의 행사나 마을의 행사에는 반드시 찬조금을 내어 플랭카드나 행사 안내문에 점포의 상호가 인쇄된다면 많은 사람들에게 알려지는데 효과적입니다.

특히 각 지역별로 있는 주부모임을 활용하는 것도 중요합니다. 취미모임이든, 조기운동과 같은 모임이 있습니다.

이런 모임에는 편의를 제공하는 전략이 필요합니다. 연락장소 또는 집합장소로서 활용된다면 선전효과는 그 만큼 커지게 됩니다. 이것을 **지역밀착형 전술**이라고 합니다. 가장 기본적인 지역밀착형 전술이지만 신문에 전단지를 삽입하는 것보다 효과가 크다는 것이 경험자들의 경험담입니다. 다만, 개점 초기에는 신문을 통하여 배포하는 전단지가 가장 효과적이라는 것을 명심하시기 바랍니다.

작은 음식점에서 고객을 따뜻하게 맞이하는 인간미 서비스는 대형점이나 체인점에서 느낄 수 없는 최대의 무기입니다.

서비스업의 본질은 '인내심' 이라고 합니다. 마음에서 진심에서 우러나오는 따뜻한 정으로 고객을 이해할 수만 있다면 서비스는 결코 어려운 것이 아닙니다.

여러분 가정에 어느 날 갑자기 시골에 사는 가까운 친척이 방문했다고 가정해봅시다. 여러분은 가슴으로 따뜻하게 맞이하고, 맛있는 요리를 대접할 것입니다.

맛있는 요리가 경제사정에 의하여 값비싼 재료를 사용할 수도 있으며, 비싼 재료는 아니지만 정성껏 마련한 음식물일 수도 있습니다.

어떠한 경우든 정성을 다한 요리는 맛있게 마련입니다. 맛있는 음식점의 노하우는 바로 이것입니다. '정성' 입니다.

음식점을 처음 시작하는 분이나 실패한 분들에게서 보기 힘든 점이 바로 '정성' 입니다. 정성은 진심으로 고객의 욕구를 만족시켜 주는 것입니다.

현대사회는 어디를 가나 생산성 지향으로 인간성 즉, 마음이 상실되어 있습니다. 개인을 중시하기보다는 집단이라는 이름으로 개인의 희생을 강요하고 있습니다.

작은 음식점에서 가정적인 분위기를 만들고 고객을 가족처럼 아니, 어느 날 갑자기 찾아온 가까운 친척처럼 따뜻한 가슴으로 맞이할 수 있다면 고객은 맛있는 요리를 더욱 맛있게 먹을 수 있을 것입니다. 그때 그때의 감정을 순수하게 표현한다면 고객은 진실로 만족할 것입니다.

어렵게 생각할수록 이해하기 어려운 행동이 나오게 되며, 음식맛 또한 이상하게 느껴질 것입니다.

3 분위기 있는 매장을 만들려면?

분위기 있는 매장을 만들기 위해서는 점포의 '컨셉'을 명확하게 표현해야 한다고 합니다. 그렇다면 컨셉이란 무엇입니까?

"어떠한 고객을 대상으로, 어떠한 음식을, 어떠한 가격으로, 어떠한 매장에서, 어떻게 팔아야 할까"하는 물음에 대한 대답이라고 생각하면 됩니다. 인테리어와 익스테리어(외부 장식) 투성이로만 해결되는 것은 결코 아닙니다. 고객에게 없어서는 안 될 곳이 되어야 하는 것이 성공의 철칙입니다.

여러분에게 없어서는 안 될 곳이 어디입니까? 가장 편안하게 쉬는 곳이 아닌지요. 편안한 침실이 가장 많이 선택할 것입니다. 편안한 침실은 주방으로부터 격리되어 있습니다.

고급 음식점을 가면 한결같이 주방과 격리되어 있음을 알게 될 것입니다. 작은 음식점에서 주방과 격리된 공간을 만들기가 쉽지 않습니다. 그렇지만 최상의 분위기를 만들기 위하여 노력해야 합니다. 계절마다 계절감을 표현하며, 그때 그때의 변화를 느끼게 하는 것도 중요한 포인트입니다.

소품과 사진이나 포스터를 게시하는 벽면을 활용하여 테마를 연출하는 지혜가 필요합니다. 왜냐하면, 고객은 요리와 함께 분위기를 즐기기 위하여 일부러 찾아오기 때문입니다.

4 오리지널 메뉴는 반드시 필요하다

경쟁점과 차별화가 가능한 요소가 많이 있습니다. 그 중에서도 오리지널 메뉴가 있다는 것은 최대의 무기이기도 합니다. 반드시 특유의 훌륭한 메뉴를 개발하기 바랍니다. 오리지널 메뉴가 없다면 '파리 날리는 음식점'이 되기 쉽습니다.

고객들에게 『○○○음식점』의 메뉴는 일품으로서 최고라는 고정관념을 심어준다면 음식점은 날로 번창할 것입니다.

실은, 오리지널 메뉴란 별 것 아닙니다. 과거 유명한 명동칼국수와 일반 가정에서 만들어 먹는 칼국수와 무엇이 차이가 납니까? 칼국수라는 면에서 특이한 것은 없습니다. 일반 칼국수에서 사골뼈 국물과 닭고기, 그리고 매콤한 겉절이 김치가 특화된 '명동 칼국수'의 생명인 것 같습니다.

이처럼 오리지널 메뉴라고 전혀 새로운 음식은 아니라는 것입니다. 주재료를 사용하는 가운데 품질이 좋은 재료를 선별하고, 일정한 지역의 산지를 한정한다면 훌륭한 오리지널 메뉴를 만들어 낼 수 있습니다. 여기에 자신의 감정을 표현해낼 수 있다면 더욱 분명한 오리지널 메뉴를 만들어 낼 수 있을 것입니다.

요리의 생명은 재료에 있습니다. 일류 요리사는 재료의 특성을 잘 살려내는 일입니다. 재료와 재료의 성질이 화합하여 보다 맛있는 맛을 우러낼 수 있도록 재료에 대한 연구를 해야만 오리지널 메뉴를 만들어 낼 수 있습니다. 재료에 대한 지식과 흥미가 없으면 오리지널 메뉴는 탄생할 수 없습니다.

명동칼국수라는 간판이 많이 붙어 있습니다. 같은 국물이라고 하여도 면의 질이 다르면 칼국수 맛이 달라집니다.

또한 같은 면이라도 국물의 맛이 다르면 칼국수의 맛이 달라집니다. 매콤한 김치 또한 마찬가지입니다. 계절에 따라서 김치맛도 달라지므로 동일한 품질을 유지하기 위해서는 많은 연구가 필요합니다.

메뉴를 개발하는 자료로서 어떠한 전문서적이 필요한지 일본의 소점포 음식점을 순회하면서 질문해 보았습니다. 그러나 뜻밖에도 전문도서가 아닌 주간지나 여성잡지를 참고한다는 것이었습니다.

전문가의 서적보다는 주간지나 여성잡지에 게재된 요리가 '현장감'이 뛰어나다는 것입니다.

5 이익률 높은 메뉴 만들기

이익률이 높은 메뉴는 결국 원가율이 낮아야 합니다. 낮은 원가율이란, 인건비는 물론 재료대가 낮아야 실현 가능한 것입니다. 메뉴 구성에는 원가율이 제각각이기 마련입니다. 일반적으로 대중적인 음식이 가장 많이 팔리고 있습니다.

대중적인 음식은 대체로 원가율이 알려지게 마련입니다. 오리지널 메뉴는 다른 음식점에서 맛볼 수 없는 메뉴이므로 원가율이 잘 알려질 수 없습니다.

오리지널 메뉴는 부가가치가 붙게 마련입니다. 새로운 메뉴를 만드는데 있어 경쟁점과 차별화를 시도한 결과 가격경쟁이 약해지거나 재료가 없는 경우도 있습니다.

따라서 오리지널 메뉴를 집중적으로 개선하여 원가율을 낮추어야 합니다. 결국 가장 잘 팔리는 메뉴가 가장 원가율이 낮지 않으면 경영할 수 없습니다.

일반적인 메뉴도 부단한 연구를 통하여 원가 절감을 하여야 합니다. 높은 이익률을 실현하는 지름길은 재료 구입 노력에 달려 있습니다.

좋은 재료를 어떻게 하면 보다 싸게 구입할 수 있을까? 자신의 눈과 귀와 발로 정보를 수집하고 독자적인 재료 구입처를 개척해야 합니다. 편안하게 근처의 야채상이나 정육점에서 싸게 구입하기보다는 시장으로 뛰어 나가야만 합니다.

만일 가공용 야채라면 상처가 있거나, 형태가 좋지 않아 일반고객이 사지 않는 야채를 싸게 구입할 수 있습니다. 이처럼 야채상으로부터 좋은 정보를 얻는 일도 매우 중요합니다.

또한 재료의 손실을 최대한 줄여야 합니다. 정육 한 점, 마늘 한 조각도 아껴서 사용하여야 합니다. 재료를 최대한 절약하면서 다각도로 사용하는 습관이 중요한 포인트입니다.

6 『블랙퍼스트(아침식사)』를 잡아라

음식점의 영업시간은 점심시간과 저녁 이후의 시간으로 인식되어 있습니다. 최근에는 아침식사 시간도 비중 있는 시장으로 부각되기 시작하였습니다.

여성의 사회진출이 증가하면서 가정에서 아침식사를 거르는 경우가 빈번합니다. 가정에서 먹을 수 있는 기회가 무리라면 밖에서 먹을 수밖에 없게 되었습니다.

아침식사 수요를 흡수하는 곳이 24시간 편의점과 패스트푸드점입니다. 햄버거, 토스트, 컵라면은 물론 도시락 판매까지 시도하고 있습니다. 여성의 사회활동이 증가할수록 이런 아침식사는 더욱 다양해 질 것입니다.

그러나 국물이 많은 음식문화권인 우리나라 남성들에게 햄버거나 토스트 등은 잘 어울리지가 않습니다. 특히 전날 음주라도 한 경우에는 시원한 북어국이 생각날 것입니다. 이런 샐러리맨을 위한 블랙퍼스트 마켓을 겨냥해볼 필요가 있습니다.

우선, 지하철역 주변이나 사무실 밀집지역 또는 대형 오피스 빌딩의 상가, 등 사무실이 밀집한 지역에서는 '밥과 국'이 아직 익숙하지 못한 패스트푸드보다 인기가 높을 것입니다. 경우에 따라서는 죽 종류도 좋을 듯합니다. 국물문화가 강한 우리 전통음식이 24시간 편의점이나 패스트푸드와 자연스럽게 차별화될 것입니다.

머지 않은 장래에 우리의 주택가 주변이나 상점가에서는 가족용 아침식사를 제공하는 서비스가 시작될 것입니다. 반찬과 국물이 가지는 특이성으로 인하여 생겨날 '틈새시장'이라고 예상됩니다. 과음 후 찾는 북어국은 우리만이 가지는 '속풀이'라고 생각됩니다.

7 『런치(점심)』타임 전략

음식점 경영에서 점심시간이 가지는 의미는 매우 중요합니다. 오전 11시부터 오후 2시까지 차려지는 점심시간대는 하루 중 가장 바쁜 때이기도 합니다. 국물이 많은 음식문화를 가지고 있는 우리에게 도시락 문화가 접목되기가 어려운 점도 있기 때문에 거의 모든 샐러리맨들은 '점심=외식'이라는 등식이 성립되고 있습니다.

점심시간을 자세히 들여다보면 정오(12시)부터 오후 1시까지가 피크 타임입니다. 피크 타임에 집중되는 고객을 분산시키는 전략이 바로 '타임전략'입니다. 시간대에 따른 서비스의 차별화가 타임 서비스이며, 이 결과는 대단히 효과적입니다. 예를 들면 다음과 같습니다.

정오 전에 점심을 먹어야 하는 고객은 대단히 바쁜 고객입니다.

이런 고객에게는 가격할인 정책으로 10% 할인된 가격으로 서비스합니다. 따라서 다른 음식점보다 싸고 맛있게 먹을 수 있을 것입니다.

또한 오후 1시 이후에 식사하는 고객은 다소 시간적 여유가 있는 고객입니다. 이런 경우에는 가격할인보다 커피 한잔을 무료로 제공합니다. 점심시간이 비교적 자유로운 사무실 밀집지역에서는 대단히 매력 있는 타임 서비스 전략이 될 것입니다. 매출 또한 50%에서 100% 증가할 것입니다.

특히, 런치 타임에는 음식을 보다 신속하게 제공할 수 있는 조리 매뉴얼이나 서비스 매뉴얼을 만들어 봅시다. 주방에서도 재료를 신속하게 취급하여 음식을 만들어 내는 조리순서도 중요합니다. 메뉴의 수효도 한정적으로 제한하는 것도 중요한 정책입니다.

한편, 홀에서는 고객이 음식을 빨리 먹을 수 있도록 언행을 빨리 빨리 진행하는 밝고 명랑한 템포를 유지하는 것이 대단히 중요한 포인트입니다.

메뉴 구성에 있어서도 배고픈 고객을 만족스럽게 해줄 수 있는 메뉴 구성이 필요합니다. 양이 많고 가격이 저렴한 메뉴를 만들어야 합니다. 주방의 원가를 절감하기 위한 연구를 하면서 메뉴를 개발해야 합니다.

전일에 사용하다 남은 재료가 있을 경우에는 이것을 어떻게 살려서 활용할 것인가 대책을 세워야 합니다.

8 『저녁 식사』 고객을 위한 전략

음식점의 매출은 당연히 저녁식사 고객으로부터 시작됩니다.

1980년대 중반까지만 하여도 1일 매출의 70%가 저녁식사 고객으로부터 창출되었다고 합니다.

점차 경쟁이 치열해지면서 저녁식사 고객이 감소하였으며, 런치 타임 고객의 증가로 지금은 60%정도라고 합니다. 그러나 소규모 음식점에서는 50~55%정도가 이상적입니다.

저녁메뉴는 런치 타임과는 달리 해야 합니다. 런치 타임에는 많은 양과 저가격 위주의 메뉴이지만 저녁에는 세트 메뉴를 개발하여 객단가를 올려야 합니다.

고객들도 포만감보다는 즐기면서 식사를 하려는 욕구를 가지고 있습니다. 최초에는 가장 맛있는 요리부터 다양한 요리를 소량씩 제공하는 세트 구성이 객단가를 올릴 수 있는 찬스입니다.

단품 메뉴도 당연히 준비해야 합니다만 세트 메뉴를 판매함으로써 매출향상을 도보하는 전략이 필요합니다. 고객은 세트 가격에 의하여 요리를 즐길 수 있으므로 부담감도 적어지는 장점이 있습니다.

세트 메뉴의 구성에 있어서도 오리지널 메뉴 개발이 절대적입니다. 주 메뉴로서 경쟁력이 없다면 음식점 경영은 불가능합니다. 매력 있는 보조 메뉴가 뒷받침해줄 때 주 메뉴는 더욱 돋보이게 됩니다. 따라서 주 메뉴와 보조 메뉴의 균형은 음식점 경영에 있어서 새로운 경영 전략입니다.

가공식재나 반가공식재가 계속 개발되고 있으므로 식재료 납입자에게만 의존하지 말고 다양한 정보원을 개척해야 합니다.

일반 TV시청에서부터 신문, 잡지 등은 물론 정기적으로 시장이나 '음식박람회(Foods fair)'와 같은 전시회에 참가하여 최신정보나 샘플을 얻어야 합니다.

　　상권에 따른 효과적인 판촉정책은?

상권마다 특이한 특색을 가지고 있습니다. 그러나 소점포가 번창하기 위해서는 고정고객을 확보하는 전략이 중요합니다. 고객의 발걸음을 항상 나의 매장으로 고정시키려는 노력을 판촉이라고 합니다.

고객을 향하여 유혹하는 것입니다. 진실을 가지고 고객을 유혹할 때 고객도 즐겁기만 합니다. 그러나 그 유혹이 '사기'일 때에는 고객은 발걸음을 돌리기 마련입니다.

효과적인 판촉정책이라는 것은 고객이 즐거움을 만끽할 수 있는 제안이어야 한다는 것이 기본조건입니다. 각 상권의 특징에 따라서 몇 가지 예를 들었습니다. 이를 참고하시기 바랍니다.

① 유흥상업지역, 신상업지역에서의 판촉

번화가에서는 음식점 간의 경쟁도 치열합니다. 지나가는 통행객을 향하여 손짓하며 부르기라도 하여야 합니까? 유흥상업지역이나 신상업지역과 같은 번화가에서는 이웃한 타업종의 경영자와 종업원이 중요한 판촉대상입니다. 의외라고 생각하시는 분이 많을 줄 믿습니다.

타업종의 경영자와 종업원은 어디서 식사를 해야합니까? 인근의 음식점도 마찬가지입니다. 때로는 외식도 하고 싶은 마음이 있습니다. 손님과 함께 찾을 수도 있습니다.

주변에 대형음식점이 있다고 의기소침할 필요가 없습니다.

200평 매장에서 하루에 3,000만 원의 매출을 기록하는 것보다 8평 소점포에서 하루에 200만 원 판매하는 것이 훨씬 수익율이 높다는 것을 아실 수 있습니다.

200평 매장의 평당 객단가는 15만 원이지만 8평의 평당 객단가는 25만 원입니다. 겉치레에 신경쓰다가 IMF사태를 당한 대한민국을 생각해 보시기 바랍니다.

1인당 국민소득을 1만 달러 이상 올리려고 무리한 달러방어를 하다가 결국에는 쓰러지고 말았습니다. 1달러에 800원대가 하루 사이에 1,500원 이상 치솟고 말았습니다. 이때 우리나라에서는 빚을 내서라도 대형점포를 경영하려는 허황이 춤추던 시절이었습니다.

번화가에서 소형 음식점이 시도할 수 있는 제1의 정책은 서비스권을 부근의 매장에 비치해 놓는 것입니다. 할인 쿠폰 또는 특별 서비스 쿠폰을 비치해 놓는 것입니다.

쿠폰을 비치해 놓은 매장의 집객력(고객을 모이게 하는 점포의 힘)과 신용을 활용한다는 측면에서도 매우 유리합니다.

서비스 쿠폰을 비치해주는 조건으로 일정한 사례를 할 수도 있으며, 쌍방이 서로 비치하는 방법을 선택할 수 있습니다.

서점, 미용실, 부티크 살롱 등에는 의외로 고정고객이 많이 있습니다. 이처럼 고정고객이 많은 장소는 서비스 쿠폰의 최대 비치장소가 될 것입니다.

다음으로는 회원 카드로 고정고객을 확보하는 방법입니다. 지역내 일정한 회원과 함께 공동의 카드를 발행할 수 있다면 더욱 유리할 것입니다.

공동 전산 시스템을 설치할 수 없다면 각 회원 점포별로 각각 다른 서비스를 부여할 수 있습니다. 소형 음식점에서는 10%의 할인을, 수퍼마켓에서는 콜라 한 병을 반액에 판매하고, 꽃가게에서는 장미 한 송이를 무료 서비스하는 등 다양한 방법을 선택할 수 있습니다.

회원의 카드화는 다양한 정보와 함께 회원을 위한 공격적인 서비스를 개발할 수 있는 원천이기도 합니다. 여러분들이 새로운 아이디어를 직접 만들어 보기 바랍니다.

② 사무실 밀집지역이나 대학가에서의 판촉

사무실 밀집지역에서의 고객은 변화가 적습니다. 대다수가 일정한 구역에서 활동하기 때문입니다. 처음 방문 때 좋은 인상을 주었다면 한 두 번 방문으로 시작하여 빈도가 높아지게 마련입니다. 주변의 몇 몇 음식점을 순회하면서 **'준고정객'**이 되게 마련입니다.

행동반경이 한정된 이런 준고정고객을 고정고객화 시키기는 어렵지 않습니다. 쿠폰을 발행하는 것이 효과적입니다. 통상 10회분의 식사요금으로 11회 식사를 제공하는 방법이 이상적입니다.

1주일 단위로 주 메뉴를 바꾸어보는 것도 한 방법입니다. 사무실 밀집지역의 고정고객은 매일 같은 런치 타임을 원하지 않을 것입니다. 결국 음식점이 변화할 수밖에 없을 것입니다.

대학가 등의 학생들이 밀집되어 있는 대학가도 사무실 밀집지역도 마찬가지입니다. 판촉단위도 직장의 부서를 집중 공략하듯이 대학에서는 동아리 단위로 고정고객화 하는 판촉 서비스가 필요합니다.

③ 주택가에서의 판촉

주택가의 표적고객은 주부를 중심으로 하는 여성층입니다. 여성의 **'입소문'**이 대단한 위력을 가지고 있습니다. 따라서 여성의 평판은 매우 중요합니다. 주택가에서의 판촉은 여성층에 대한 서비스로부터 시작됩니다.

여성고객을 사로잡는 판촉은 무엇일까요? 여성은 음식점에 대하여 가장 중요하게 느끼는 점이 청결과 가격입니다. 따라서 여성고객을 지향해서 서비스 메뉴를 개발하고 어필시켜야 합니다.

초저가격 메뉴를 개발해서 고객의 시선을 유인하는 '로스 리더' 상품으로 활용하거나 매일 일정한 메뉴를 10% 할인하는 판촉도 좋다고 생각합니다.

'값이 싸다' 는 인식이 중요한 포인트입니다. 여성에게는 금전 감각적으로 '싸다' 는 느낌이 피부로 느껴져야 합니다.

특히 전업주부인 경우, 무엇이 싼가 하고 비교하므로 신문에 전단을 삽입하여 배포하거나 각 가정의 우편함에 전단지를 배포하면 효과가 좋습니다. 인쇄비용이 많이 든다면 컴퓨터를 활용하여 제작하고, 직접 프린트하여 사용할 수도 있습니다.

한편, 여성고객의 특징은 싫고 좋음이 확실하다는 점입니다. 좋다고 평판이 나면 열광적으로 찾아오는 습관이 있지 않습니까.

지역의 계모임이나 친목회를 유치하는 판촉도 중요하며, 가족의 외식 장소로도 특별하게 만들어 줄 수 있는 판촉도 중요합니다.

④ 도심 외곽지역에서의 판촉

도심 외곽지역이라고 하면 일반적으로 '뜨내기 고객' 을 생각하게 됩니다. 그러나 도심 외곽으로 이동하는 차량들도 대체로 정기적으로 이동하는 경우가 많습니다.

출퇴근을 비롯하여 화물을 실어 나르는 경우가 대부분일 것입니다. 도심 외곽지역에 위치한 대형 매장들의 고객을 분석해보면 해답을 찾을 수 있습니다.

번화가에서도 뜨내기 고객은 있게 마련입니다. 같은 장소를 매일같이 지나가는 통행고객을 고정고객화 하듯이 매일같이 지나가는 통행차량을 고정고객화할 수 있다는 것입니다.

성공은 '역전의 발상' 으로부터 보인다고 합니다. 규모의 경제를 내세우는 대형 매장에 비하여 소형 점포는 무엇인가 강한 '임팩트'를 내세우지 않으면 안 됩니다. 먼 거리에서 포착될 수 있는 점포의 캐릭터가 필요합니다.

실제로, 자동차를 타고 달리면서 얼마나 먼 거리에서 보이는지, 어느 위치가 좋은지 비교하면서 검토해야 합니다.

도심의 주유소 가운데 일부는 무분별한 주유소 '로드사인'을 설치하였습니다. 도심의 구조상 주유소 입구에서만 보이는 곳에 세울 수밖에 없는 이 로드사인의 '덕'을 보려는 생각은 아니라고 보지만 결국 예산 낭비가 아닐까요? 이처럼 로드사인은 멀리서 보일수록 유리하다는 것입니다.

이용 고객에 대해서는 커피 무료 서비스권이나 다음 번 이용시에는 음료수를 증정하는 방법이 좋습니다. 근교의 지리를 묻는 경우가 많이 있지만 아르바이트 등의 종업원이 인근 지리에 익숙하지 못한 경우가 많습니다. 인근의 상세 지도를 인쇄하여 배포한다면 매우 큰 효과를 얻을 수 있습니다.

10 고객 리스트를 만드는 방법과 활용하는 방법

흔히, 고객 리스트는 대형점이나 고급점에서 사용하는 것으로 알고 있습니다. 소형점포에서는 불필요하다고 느끼는 사람들이 많은 것 같습니다. 고객 리스트는 소형점포에서도 매우 귀중한 재산입니다.

고객 리스트는 우선 고객에 대한 개별적인 판촉활동을 가능하게 하는 자료입니다. 불특정 다수에게 판촉내용을 알리는 것보다는 고객 한 사람 한 사람 연락하여 초대할 수 있는 기본 자료입니다.

그러나 단순하게 의미 없는 DM을 보내기보다는 직접 작성한 안내장으로 고객을 초대하는 것이 보다 효과적입니다. 지금은 DM 홍수 시대이므로 무미건조한 DM은 비용 낭비만 초래할 것입니다.

한 걸음 더 나아가서 '포인트 카드'를 만들어 고객이 이용한 금액에 대한 보너스 포인트를 적립시키는 방법을 추천하고자 합니다. 자주 이용할수록 고객에게 이득이 되는 포인트 카드는 매력적입니다. 일정한 점수가 된다면 부근의 이미용실 등을 이용할 수 있는 쿠폰을 제공하는 방법도 있습니다. 가능하다면 인근의 점포와 제휴하여 공동 서비스 포인트 카드를 만드는 방법도 있습니다.

이처럼 고객 리스트를 활용하면 고객을 유혹하기가 비교적 쉽습니다. 문제는 고객 정보를 어떻게 얻느냐 하는 방법입니다. 이벤트를 마련하여 자신의 정보를 제공하는 고객에게는 일정금액 서비스권을 증정한다든가 특별한 기프트를 제공하는 방법이 있습니다.

경우에 따라서는 추첨권을 활용하여 모든 사항을 기록하여 추첨함에 넣은 사람들 중 당첨자를 선별하여 시상하면서 고객을 한 번 더 점포로 유인하는 강력한 방법도 있습니다.

11 신규고객을 단골고객으로 만들기

연예인을 열광적으로 좋아하는 사람들을 '팬'이라고 합니다. 팬이 많은 연예인은 인기가 상승합니다. 자주 방문하는 고객을 '단골고객'이라고 합니다. 따라서 단골고객이 많은 음식점은 매출이 상승하게 됩니다.

연인이나 오래된 친구 또는 부부도 처음 만난 후 계속 만남으로써 이루어졌습니다. 초대면 후 서로를 중요하게 여겼기 때문에 오랜 친구가 되었고, 연인 사이가 될 수 있듯이 처음 방문한 고객을 중요하게 모심으로써 단골고객으로 만들 수 있는 것입니다.

이처럼 단골고객을 만드는 데에는 몇 가지 포인트가 있습니다.

우선 마음에서 우러나오는 따뜻한 서비스로부터 시작해야 합니다. 인간은 고독합니다. 크든 작든 누구에게나 고민이 있습니다. 이런 고객이 편안하게 머물 수 있는 장소를 만들어 준다면 위안을 느낄 것입니다.

다음으로는 음식점의 인상을 심어주는 일입니다. 너무도 많은 음식점 중에서 여러분의 음식점을 기억해 달라고 한다면 무리가 아닐까요. 다른 점포와 차별되는 매력이 있다면 고객은 잊지 않고 기억할 것입니다. 음식점의 매력은 무엇보다도 맛이 있어야 합니다.

다음으로 매장의 분위기가 있다면 더욱 좋을 것입니다. 다른 음식점에서는 맛볼 수 없는 메뉴가 있고, 주인의 개성을 살린 연출이 있다면 확실한 인상을 남겨 줄 수 있을 것입니다. 매일 같이 바뀌는 요리라든가, 주단위로 바뀌는 요리 등도 하나의 전략이 될 것입니다.

끝으로 다시 방문해 달라는 동기유발입니다. 2차 방문할 때에는 보다 정중하게 모실 것을 약속하면서 30~50% 할인권을 증정한다면 고객은 반드시 2차 방문을 하게 될 것입니다. 이렇게 하여 방문회수가 증가되면 자연스럽게 단골고객으로 이어지는 것입니다.

12 재료비와 인건비를 통합관리하라

작은 음식점에서도 경영관리라는 개념은 반드시 필요합니다. 특히 재료비와 인건비는 차지하는 비중만큼 중요한 항목이기도 합니다. 번창하는 음식점의 경우도 다양합니다.

가령 52%인 음식점도 있는가하면, 62%에 이르는 음식점도 있습니다. 재료비와 인건비 비중은 매출금액에 따라서 달리 평가할 수 있습니다.

그러나 재료비＋인건비가 차지하는 비중은 총 매출금액의 50～60%를 적정기준으로 설정할 수 있습니다. 물론 업종에 따라서 달라질 수 있습니다. 같은 규모, 같은 장소에 위치하고 있다고 하여도 스파게티전문점과 룸살롱의 인건비 비중은 전혀 다를 수밖에 없습니다.

그렇지만 음식점업에서 재료비＋인건비가 70%이상 차지한다면 '절대 경영 불가'라고 판단해 주기 바랍니다.

① 재료비의 관리방법

재료비는 대체로 얼마라고 하는 생각은 버려야 합니다. 동일한 맛과 양을 가늠하기 위하여 메뉴별로 '재료 기준표'가 반드시 필요합니다.

재료의 로스와 과다사용을 관리하기 위해서 필요한 것입니다. 재료의 부패로 버리는 경우도 있습니다. 남은 재료는 종업원이 마음대로 이용할 수도 있습니다.

또한 납품 받을 시 정확하게 양과 금액을 체크해야 합니다. 원가 절감을 위하여 엄격하게 관리해야만 합니다.

따라서 매월 사용품목과 양과 금액을 비교하여야 합니다. 소형 음식점인 만큼 그 양도 적을 것입니다. 자선사업이 아니라면, 모든 경영은 이익을 위하여 노력하여야 하므로 재료비에 대한 파악은 정확하게 실시해야 합니다.

아래의 도표를 참고하여 여러분의 실정에 맞게 응용하기 바랍
니다.

※ 식재료 구입비 (보기)

품 명	단가	전월재고		당월구입		당월재고		당월사용량	
	원	수	금액	수	금액	수	금액	수	금액

② 인건비의 관리방법
음식점과 같은 서비스업에서의 인건비를 합리적으로 계산한다
는 것이 어려운 일이라고 합니다.
특히 가족이 함께 노동하는 경우 인건비 계산은 염두에 두지 않
고 열심히 일한다고만 해서 만사 O.K.는 아닙니다. 이것은 대단
히 잘못된 생각입니다. 인건비는 어디까지나 인건비입니다.
인건비 내용에는 급료+보너스+교통비+식사수당 등이 포함
됩니다.

물론 총 인건비에는 점주의 인건비도 포함되어야 합니다. 총 인건비가 총매출액의 13~15%를 초과하면 경영이 위태롭습니다. 물론 서비스가 강화될수록 인건비가 상승합니다.

그러나 전체적인 수익균형을 체크하면서 인건비 부분을 생각해야 합니다.

IMF 사태가 일어나자 기업들은 경영개선을 하기 위하여 인건비 부분을 대폭 삭감하였습니다. 이처럼 인건비가 차지하는 비중은 대단히 위력적입니다.

13 전표를 활용하라

작은 음식점에서 전표가 필요합니까? 당일 매출이 얼마인지 금전등록기에 찍혀 있고, 판매된 수량만큼 재료를 파악할 수 있으므로 전표는 전혀 소용이 없다고 합니다. 고객이 주문한 내용도 훤히 알고 있으므로 굳이 전표까지 필요 없지 않습니까?

실제로 작은 음식점에서 전표를 사용하는 곳을 별로 보지 못했다는 분이 많습니다.

물론 전표의 첫째 역할은 주문을 확인하는 것입니다. 고객의 주문에 올바르게 대응했는지 파악하는 것입니다. 그리고 수금할 때 정확하게 판단할 수 있는 자료이기도 합니다.

전표에는 많은 고객 데이터가 기록될 수 있습니다. 고객이 주문한 수량과 금액 이외에도 일시, 좌석번호, 인원수, 성별, 연령별로 체크할 수 있습니다.

영업일별로 남겨서 정리한다면 매우 귀중한 기초 데이터가 됩니다. 그리고 종업원의 부정을 방지하기 위하여 반드시 일련번호를 기입하는 것도 잊지 말아야 합니다.

14 경비절감을 위하여

경비를 삭감하기 위하여 수도광열비와 같이 작은 부분도 아껴 써야 합니다. 냉난방비, 화장실, 조명, 종이 냅킨 등 매장에서 사용되는 모든 물자를 최대로 아껴 써야 합니다.

특히 주방에서 절약해야 할 부분이 많이 발생하고 있습니다. 조리의 순서를 잘 지켜서 작은 비용이라도 아껴 쓰는 습관을 만들어야 합니다.

창업 전 알아두면 좋은 것들

☞길거리 사업 다양해졌다

경제가 어려워질수록 다양한 형태의 '길거리 사업'들이 쏟아져 나오고 있다. 리어카나 봉고 또는 1톤 트럭들을 이용해 음식과 가벼운 제품을 파는 길거리 업종들은 소자본으로 큰 기술 없이 쉽게 창업할 수 있어 실직자들로부터 인기를 얻고 있다.

하지만 길거리 사업은 성격상 떼돈을 벌겠다고 욕심을 부려서는 곤란하며 초보 창업자들이 사업감각을 익히는 경험 쌓기 자세로 접근해야 한다.

길거리 사업의 주종은 역시 먹거리. 고전적인 붕어빵, 토스트, 호떡, 떡볶이, 튀김, 핫도그 등 간식류에서 최근에는 도시락, 피자, 자장면, 치킨, 생선회 등으로 고급화하고 있다.

체인점 형태로 본사에서 물건을 떼어와 파는 완구, 액세서리, 장난감, 양말, 티셔츠 사업도 인기다. 여성용 머리핀, 매니큐어, 립스틱, 패션시계, 향수, 방향제 사업도 꾸준한 사랑을 받고 있다. 최근에는 자동차용구, 즉석 수리, 세차, 열쇠-자물쇠 등 자동차 관련 길거리 업종도 강세를 띠고 있다. 결혼식장이나 졸업식장 등을 타겟으로 하는 꽃 장사도 꽤 수익이 남는다.

사업에 필요한 자본금은 업종에 따라 다양하나 300~500만원이면 충분하다. 차량을 사용할 경우, 이동거리가 많지 않은 만큼 굴러가기만 하면 될 정도의 중고차를 구입해 이용하면 좋다.

길거리 사업의 승패는 역시 업종과 목 선택. 유동인구가 많은 대학가와 극장, 백화점 앞은 1급 최상지이다. 단, 같은 장소라도 요일별로, 시간대별로 진열하는 방법에 따라 매출에 차이가 난다는 점에 유념해 철저한 사전조사가 필요하다.

특히 음식의 경우엔 맛으로, 다른 상품의 경우에는 차별적으로 톡톡 튀는 인테리어로 행인들의 관심을 끌어들이는 것이 성공 포인트.

외장에 특이한 그림으로 도색하거나 풍선을 활용하는 등 나름대로의 전시 기법도 필요하다. 메뉴에 특색이 없거나 너무 후미진 곳에 위치하면 자본금까지 날릴 위험이 있다.

다만 길거리 비즈니스는 해당 지역의 상인들로부터 텃세를 받거나, 목이 좋은 경우 같은 길거리 사업자들끼리 충돌을 빚을 수도 있으므로 주의가 필요하다. 경우에 따라서는 단속반뿐만 아니라 폭력배들에게도 시달릴 수 있다.

◉천 만원으로 시작할 수 있는 음식점

일반적으로 음식점 개업에 최소 3천만원 이상 필요하다고 한다. 그러나 일찍이 겪어 보지 못했던 경기불황 속에서 필요한 개업 자금은 확실하게 감소한 것만은 사실이다. IMF 사태를 맞이하여 천만원 정도의 자금으로 음식점을 창업할 수 있다는 신화가 창조되기 시작했다.

소비자들은 기호의 다양화가 발전하여 외식동기에 따라서 음식점을 선별이 세분화되기 시작하였다. 무엇이나 다 판매하는 대형음식점에서 전문점이라고 하는 소형음식점이 등장할 수 있는 시대가 된 것이다. 소형전문점시대에는 적은 돈으로 창업할 수 있는 찬스가 있다.

창업강좌에서 만난 개업희망자 가운데 30대의 80% 이상, 40대의 60% 이상이 창업자금으로 준비한 돈은 약 천 만원 이하라고 한다. 결국 천 만원으로 음식점 개업은 무리라고 생각하는 사람들이 많은 것 같다.

매스컴에서 흔하게 취급하고 있는 창업정보나 점포 리뉴얼에는 음식점이 많다. 보여주거나 이야기거리가 많기 때문일 것이다. 그러나 이러한 사실이 왜곡되어 전달됨으로서 많은 창업 예비자들은 혼란스럽기만 하다. 점포경영자의 자력으로 성공할 수 있는 진정한 방법을 제시해 주는 올바른 매스컴의 자세가 필요하다고 생각된다. 물가 수준으로 비교하면 우리 나라의 약 800만원과 120만원에 개업하여 성공한 일본인 점주를 소개한다.

1.양식당

20세에 양식당 주방장후보 모집에 응시하여 대형체인본부에 취직한 고미야 씨는 8년간 근무했던 직장을 퇴직하고 독립을 결심하였다. 배우자와 자녀의 최저 생계비도 중요했다. 배우자 또한 아무리 자신이 있고 좋아하는 창업이라도 800만원 이상 투자할 자금은 없다고 하였다.

우선 부동산을 찾아다니며 싼 장소를 선택하였다. 지하 1층 5.5평의 장소를 선택하였다. 인테리어는 엄두도 낼 수 없었다. 대형취사기구와 대형 냉장고를 구입하였다. 집기와 비품을 싸게 구입하기 위하여 열심히 발로 찾아 다녔다. 객석 13석이라는 매장을 만들고 점심은 정식으로 매일매일 메뉴를 바꿔 보았다. 저녁은 구루메 세트와 스튜, 치즈 오믈렛을 개발하였다.

개점한 지 2년이 지났다. 점심의 회전유통 2.5회전으로 인기 있는 음식점이 되었다. 월 판매금액은 500만원 정도. 자금은 소액이지만 찬스는 무한히 많다. 가지고 있는 돈이 소액이라도 미래지향적인 생각을 가지고 적극적으로 행동하는 것이다. 그리고 최후로는 정보 수집력으로 승부를 내는 것이다.

2. 식사 + 점

테루 씨는 5평 오뎅점을 인수하였다. 어묵을 포함하여 조갯살밥을 주메뉴로 개발하였다. '일품특화(一品特化)'를 지향하는 음식점이라야만 성공할 수 있다. 10명 중 6~7명이 맛이 있다고 해야만 유행을 창조할 수 있다고 한다. 10명 중 3명이 맛이 있다고 한다면 만족할 만한 경영성과를 얻는다고 한다. 주메뉴가 도태되면 단골고객을 상실하게 된다.

테루 씨는 점성술을 배웠다. 점도 이 음식점의 또 다른 하나의 주메뉴이다. 객석 15석의 음식점에는 단골고객이 증가하기 시작하였다. 점에 대한 인기도 입소문으로 퍼졌다. 정신과 육체가 피로한 현대인들의 오아시스가 된다면 성공률 100%.

3. 메밀국수 전문점

1990년대 초부터 시작된 일본의 불황은 일본의 40~50대에게도 가장 큰 영향을 미치고 있다. 일본의 구조조정은 샐러리맨들의 창업을 유도하고 있다. 특히 자연회귀나 건강지향형 붐에 힘입어 중노년층의 메밀국수 창업이 활발하게 진행되고 있다. 직접 메밀국수를 만들어 판매하는 신경향이 나타나고 있다. 과거에는 오랜 시간이 걸리는 과정이었으나 최근에는 많은「메밀국수 교실」이 개설되면서 단시간(약 20일간)에 일류 기술자가 탄생되고 있다. 일본 전국에는 메밀국수교실이 약 30개소 있다고 한다.

기계로 제면한 메밀과 손으로 만든 소면 중 어느 것이 맛이 있을까 하는 면에서 논란이 많으나 주고객층의 이용동기를 파악해서 결정해야 할 것이다. 소규모 메밀전문점을 만든다면 손으로 만드는 것이 개성적인 메뉴를 만드는 지름길이다. 어설픈 일본식 메밀을 흉내내기보다는 본고장의 메밀국수 제조법을 배워서 자연지향적 건강식으로 창업독립한다면 적은 자본으로 독립할 수 있다. 시골 농가를 개조하여도 입소문으로 유명한 음식점으로 번영하게 된다.

🥟만두 분식점

Q.대형 할인 스토어에서 만두전문점을 시작한지 2년이 되었습니다. 2년 전보다 30~40% 정도 매출이 부진한 것 같아 분식을 추가하였습니다. 만두종류와 김밥, 칼국수를 주 상품으로 판매하고 있습니다. 대형 할인 스토어이므로 고객의 출입은 대단히 빈번합니다만 저의 판매는 계속 부진하기만 합니다. 실 평수 약3평의 오픈매장으로 종업원 2명입니다. 만두 분식점에서도 생각하는 경영이 필요합니까?

A.대형할인스토어의 고객분석과 이에 대응하는 상품개발·노력이 필요하며, 생활밀착판촉활동에 집중한다면 만두전문점으로 정착할 수 있다고 믿습니다.

우리 나라처럼 남녀노소 모두가 만두를 즐기는 식생활에서 정말 맛으로 승부를 낼 수 있을 만큼 맛있는 만두를 만들 수 있다면 의외로 만두전문점의 가능성이 크다고 생각합니다. 대형 할인스토어와 같이 많은 고객이 모이는 장소라면 주고객층은 여성층이 될 것입니다. 특히 식품의 구매에 있어서는 풍부한 상품정보를 가지고 있는 여성의 결정권이 매우 높은 편입니다. 여성의 라이프 단계를 살펴보면 다음과 같은 특징을 가지고 있습니다. 이를 여성 마켓이라고 합니다.

많은 음식점에서 떨어지기만 하는 매출을 타개하기 위하여 손쉬운 방법으로 음식종류를 추가하는 것입니다. 심지어 육류를 취급하는 레스토랑에서 조개구이가 유행하기 시작하자마자 어패류까지 병합 취급하는 경우도 보았습니다. 상품 라인을 확장하는데에는 새로운 아이디어와 컨셉이 필요합니다. 그렇지만 새로운 상품이 성공하기 위해서는 새로운 카테고리에 1순위로 나타나지 않으면 안 된다는 것입니다.

단일상품으로 매출이 낮으면 상품라인 확장 전략에 따라서 많은 상품을 발매하곤 합니다. 대부분 실패하고 매우 큰 손실을 보게 됩니다. 많은 비용과 아이디어 그리고 신선한 컨셉을 가지고 선착순의 법칙에 따라서 신상품을 발매하였지만 쓰디쓴 실패를 맛보게 됩니다. 상품 라인의 확장에 성공하거나 실패하는 서양의 상품을 살펴보면 일정한 한계선을 발견하게 됩니다.

그러나 무대책은 결코 아닙니다. 우선 만두의 상품경쟁력을 위한 개발에 투자하시기 바랍니다. 표적고객에 따라서, 계절에 따라서, 요일에 따라서 차별화된 만두의 품질을 개량하는 것입니다. 만두피도 1차 발효한 것, 생밀가루 그대로 한 것, 인진쑥 등의 허브향과 건강야채를 활용한 것, 식용색소를 이용하여 무지개 만두피를 만드는 등 연구할 요소가 하늘의 별만큼이나 많습니다. 만두 속도 마찬가지로 다양하게 연구개발할 요소가 많다고 생각합니다. 만두의 상품명도 종래의 "물만두" "찐만두" "왕만두"와 같은 이름보다 "인진쑥만두" "불고기만두" "피자만두" "다이어트 만두" "한방만두" 등으로 독특한 상품명을 개발하는 것도 경쟁력 강화를 위하여 필요합니다. 생산성의 효율을 높이기 위해서는 판매가 잘되는 상품 위주로 1일 5개 품종 이내로 선품하는 것이 경영 포인트입니다.